periplaneta

JOHANNES KRÄTSCHELL wurde 1976 in Berlin-Pankow geboren. Nach seinem Abitur am Carl-von-Ossietzky-Gymnasium und einem einjährigen Auslandsaufenthalt im Nahen Osten studierte er Geschichte und Politikwissenschaften an der Humboldt-Universität zu Berlin. Nach seinem Studienabschluss zog es Krätschell in die freie Wirtschaft. Hier war er in unterschiedlichen Positionen in der Marktforschung, bei Konferenzanbietern und Agenturen tätig. Heute arbeitet der Berliner Autor für einen Wissenschaftsverlag. Johannes Krätschell ist verheiratet und hat zwei Töchter.

Seit 2012 schreibt er Kurzgeschichten und tritt damit gegen seinen Autorenkollegen Benjamin Kindervatter im Leseduell deutschlandweit an, beispielsweise in Berlin, Leipzig oder Dresden. Laut leicht zu beeinflussenden Quellen liegt Krätschell in diesem lebenslangen Duell in Führung. Neben diesen Auftritten taucht er auch als Gastleser auf verschiedenen Berliner Lesebühnen auf.

Mit **„Herr Schlau-Schlau wird erwachsen"** legt er nun seinen ersten Roman vor. Kollege Kindervatter steuerte das wunderbare Cover bei. Dieser komplett in Berlin gefertigten, limitierten Hardcover-Ausgabe liegt eine MP3-CD mit der gekürzten Lesebühnenfassung bei.

www.leseduell.de

www.kraetschell.de

JOHANNES KRÄTSCHELL

Herr Schlau-Schlau wird erwachsen

ROMAN

periplaneta

JOHANNES KRÄTSCHELL:
„Herr Schlau-Schlau wird erwachsen"
1. Auflage, limitierte Hardcover-Edition mit CD.
Januar 2017, Periplaneta Berlin

Inh. Marion Alexa Müller, Postfach: 580 664, 10415 Berlin
www.periplaneta.com

Projektleitung und Lektorat: Sarah Strehle (www.lektorat-strehle.de)
Covergestaltung: Benjamin Kindervatter (www.kindervatter.de)
Projektassistenz: Laura Partikel
Satz & Layout: Thomas Manegold (www.manegold.de)
CD-Aufnahmen und Mastering: Silbenstreif Berlin (www.silbenstreif.de)

Gedruckt und gebunden in Berlin, Deutschland
Gedruckt auf FSC- und PEFC-zertifiziertem Werkdruckpapier

print ISBN: 978-3-95996-030-4
epub ISBN: 978-3-95996-031-1

Die Vertreibung

Auch wenn sich meine Eltern Sorgen machten, bei mir war alles in Ordnung. Ich war einfach nur ein ernstes Kind. Ernst und neugierig. Ein Kind eben. Ein weißes Blatt, das beschrieben werden wollte. Meine Neugier war wahrscheinlich nicht typisch kindlicher Natur. Deshalb sorgten sich meine Eltern. Aber mit der Zeit gewöhnten sie sich daran. Ich interessierte mich von Anfang an vor allem für Bücher. Für Worte, Geschichten und Figuren. Bilderbücher gefielen mir zwar, aber mein Herz gehörte den Buchstaben. Leider verstand ich sie nicht sofort und so war ich glücklich, wenn mir vorgelesen wurde. Meine Eltern lasen mir vor, so oft und so lange sie konnten. Damit das ernste Kind glücklich war. Auf dem alten Erkersofa in unserer eigenen Bibliothek.

Ich ließ mir bald alle Buchstaben erklären, wiederholte ihren Klang und merkte mir ihre Form. Mit vier Jahren konnte ich selbstständig lesen. Das entlastete meine Eltern und beruhigte sie, da ich ja nicht um des Lesens willen las, sondern eben aus Neugier. Aus dem Grund, der ein Kind zu einem Kind macht. Seiner blanken Neugier wegen.

Das Meiste, das ich mit vier Jahren las, konnte ich nicht begreifen und fragte nach den Hintergründen. Ich fragte nach vergangenen Zeiten, danach, wo Städte und Länder lagen, warum man einen Brief schrieb und wie man kochte. Mit den Jahren erfuhr ich dabei, wie man lebt. Ich erfuhr, wie Freundschaften entstehen, und konnte ganz leicht selbst welche eingehen. Ich kannte das Gefühl, verliebt zu sein, bevor ich mich das erste Mal selbst verliebte.

Die Welt vor der Tür war nicht uninteressant, aber nicht die meine. Meine Welt war die, die sich zwischen zwei Buchdeckeln verbarg. Sie überraschte mich jeden Tag aufs Neue. Hier geschah alles schon, bevor es da draußen passierte. Und so war ich draußen stets auf alles vorbereitet. Meine Freunde waren der Meinung, ich sei schon erwachsen auf die Welt gekommen.

Das empfand ich als Kompliment und lebte mein Leben auch weiterhin mehr drinnen in den Büchern als draußen unter Menschen. Es funktionierte und so wollte ich alt werden.

Doch ohne jede Vorahnung zog ein Schatten auf, der alles zerstören würde.

Es war ein lichter Sommertag und ich saß ohne jede Vorahnung auf dem Lesesofa. Meine Eltern betraten den Raum, nickten mir freundlich zu und baten mich um ein Gespräch im Wohnzimmer. Ich konnte ihren Gesichtern ansehen, dass mich etwas Furchtbares erwartete.

Ohne Umschweife kam meine Mutter auf den Punkt: „Lieber Hannes, dein Vater und ich wollen uns zur Ruhe setzen. Wir haben ein Haus in der Uckermark gekauft und ziehen im Herbst dort ein. Wir wollen näher bei deiner Schwester und den Enkeln sein. Die Wohnung haben wir zu Ende Oktober gekündigt. Das heißt, wir müssen alle bis Ende Oktober ausziehen."

„Mama, was soll ich in der Uckermark? Ich bin ja gern bei Sarah und meinen Neffen, aber ich will mich nicht zur Ruhe setzen."

„Nein, das kannst du auch gar nicht. Wie willst du dich zur Ruhe setzen, wenn du noch nie aufgestanden bist?"

„Noch nie aufgestanden? Was soll das heißen? Ich habe studiert, ich habe einen Job, ich zahle hier die Hälfte der Miete ..."

„Du bewohnst ja auch die Hälfte der Wohnung."

„Was heißt die Hälfte bewohnen? Ich habe ein kleines Zimmer, wir teilen Küche und Bad und die Bibliothek steht euch immer offen."

„Nun, manchmal will man vielleicht auch alleine dort sein, ein Buch aussuchen und auf dem Sofa lesen. Aber ein Raum, in dem du an fünf von sieben Tagen nach Feierabend sitzt und in dem du zwanzig von deinen dreißig Urlaubstagen im Jahr verbringst, steht einem nicht wirklich offen."

„Wirfst du mir gerade vor, dass ich lese? Ihr wart es doch, die mir Literatur ans Herz gelegt habt. Ihr habt mich lesen lassen. Ihr habt diese Saat gestreut und jetzt beschwerst du dich, dass sie aufgegangen ist?"

„Ich bin glücklich, dass du so eine Freude an Literatur hast und auch dein Beruf damit zu tun hat ..."

„Mama, was hat mein Beruf mit Literatur zu tun? Ich schreibe Anleitungen für Kinderspiele für Sechs- bis Neunjährige und Dialoge für Apps und Computerspiele. Mein größter literarischer Erfolg sind die Texte von Prinz Tausendzahl in einer App für Mathe in der ersten Klasse. Das kann ich nicht, weil ich Walter Kempowski gelesen habe, sondern weil ich Mathematik nicht verstehe und mich deshalb vielleicht besser in Kinder hineinversetzen kann. Machst du dich über mich lustig?"

„Nein, das mache ich nicht. Ich glaube, du machst eine gute Arbeit und sie hat mit Sprache zu tun –"

„Ich mache keine gute Arbeit, ich habe einen Job. In einer mittelmäßigen Textagentur. Ich helfe einem egomanischen Zwerg dabei, sich zu bereichern. Einem Zwerg, dem ich nur mangels schlechter Kinderstube nicht längst eins auf die Fresse gehauen habe. Der seine fadenscheinigen Kontakte in Aufträge ummünzt und uns Fußvolk alles Notwendige bis zur Bezahlung zusammenschreiben lässt. Das hat mit Literatur gar nichts zu tun. Und trotzdem brauche ich das Geld, zum Beispiel für die Miete hier. Und wie soll ich aus der Uckermark überhaupt jeden Morgen nach Berlin pendeln? Mein alter Saab hält das nicht lange durch."

Und plötzlich, in dem Moment, als der erregte letzte Ton meiner Stimme zwischen den Nolde-Drucken meiner Mutter und dem Ölgemälde der Westminster-Abbey meines Vaters an den Wänden verhallte, wurde mir bewusst: Sie dachten nicht im Traum daran, mich mitzunehmen. Sie wollten mich nicht mehr dabei haben, sich ohne mich zur Ruhe setzen. Nach fünfunddreißig Jahren unter einem Dach stellten sie mir den Stuhl vor die Tür. Als hätte ich hier im Hotel Mama gewohnt und es wäre Zeit, mich rauszuschmeißen. Aber so war es keineswegs. Ich habe meine Wäsche stets selbst und oft genug auch die meiner Eltern gewaschen. Ich habe meine Boxer Größe M neben die Feinripp-Unterhosen mit Linkseingriff meines Vaters auf die gleiche Leine gehängt. Meine Kochkünste stellen jedes Restaurant in den Schatten, das meine Eltern in ihrem Leben besucht haben.

Und ich habe sie geduldig ins digitale Zeitalter begleitet. Egal wie vertieft ich in ein Buch war – wenn mein Vater mich zum sechsten Mal in einer Woche bat, ihm zu zeigen, wie man einer E-Mail einen Anhang hinzufügt, habe ich nicht mal mit den Augen gerollt. Auch wenn die Woche gerade zwei Tage alt war. Ich habe seinen Ordnungssinn übernommen und meine Jacke immer in den Schrank gehängt und meine Schuhe immer ins Schuhregal gestellt, wenn ich nach Hause kam.

Aber ich wusste sofort, woher der Wind plötzlich wehte. Vor drei Wochen, da war ich sicher, hätten sie mich noch mitgenommen, aber dann kam die Geschichte mit Katharina dazwischen. Und daran war eigentlich nur Milan Kundera schuld. Und weil seine Bücher seit 1984 in der Bibliothek standen und meine Eltern sie selbst dorthin gestellt hatten, waren sie im Grunde selbst schuld, dass das passiert war.

Ich habe *Die unerträgliche Leichtigkeit des Seins* und *Das Buch der lächerlichen Liebe* von Kundera jeweils etwa zwanzig Mal gelesen. Einige seiner Helden gehen rein erotische Verhältnisse ein. Nie so sehr, dass sie sich über das Erotische hinaus binden müssen. Nach dem vollzogenen Beischlaf verlassen seine Helden die Wohnung der Frau. Und melden sich erst dann wieder, wenn ihnen nach dieser Frau ist. Oder nie wieder. Sie haben durchaus ein Zuhause, aber dieses teilen sie nicht. Es bleibt ihr unberührtes Reich.

Ein solcher Held war auch ich. Ein solcher Held wollte ich immer sein. Für mich war dieses Reich ein Heim voller Bücher und voller Zeit zum Lesen. Dazwischen ein paar Stunden mit meinen Freunden und ein paar ernstgemeinte Abenteuer. Bis ich Katharina traf, habe ich es immer so gehalten: Gespräche im Park, im Café oder im Auto, Sex bei ihr und gleich danach zurück in mein stilles Zuhause. Zurück auf das Lesesofa, das nicht dem Raum zugewandt, sondern seit allen Zeiten vor dem Fenster mit dem Blick nach draußen stand.

Doch bei Katharina war es dieses eine Mal anders gewesen. Wir hatten uns bei einer T. C. Boyle Lesung kennengelernt.

Es war schnell klar, dass wir danach weiterreden würden. Als wir damit fertig und am nächsten Punkt waren, erklärte Katharina, sie sei neu in Berlin. Ihre Wohnung würde sie erst im nächsten Monat beziehen. Bis dahin schlief sie auf dem Sofa einer alleinerziehenden Freundin mit drei Kindern. Allen Gesetzen zum Trotz gingen wir zu mir. Meine Mutter war in der Schweiz und mein Vater zur Kinderbetreuung bei meiner Schwester in der Uckermark. Ich hatte also nur das Problem, eine Sechszimmerwohnung glaubwürdig als die meine verkaufen zu müssen.

„Das ist ja riesig hier. Wohnst du allein?"

Da dies eine Ausnahmesituation war, erfand ich einfach ein neues Familienmitglied. „Nein, ich teile mir die Wohnung mit meinem Bruder Thomas, der ist aber fast nie in Berlin." Immerhin benutzte ich den Vornamen meines Vaters. Ich schob Katharina in mein Zimmer, das, seit ich lebte, mein Zimmer war. In dem ich noch nie mit einer Frau geschlafen hatte.

Tief in der Nacht wurde ich halbwach und spürte, dass mein Bett zum ersten Mal nicht nur von mir warm war. Sie musste gerade erst gegangen sein. Aber an mein müdes Ohr drang immer noch ihre Stimme. Und komischerweise auch die Stimme meines Vaters. Das musste ein absurder Traum sein oder etwas jenseits meiner Vorstellungskraft. Doch es klang ganz real.

Ein Zweiundsiebzigjähriger emeritierter Professor für Theologie ging mit nichts am Leib, außer seinen roten Pantoffeln, zum Bad. Er konnte nicht wissen, dass das Licht im Bad bereits an war, also drückte er auf den Lichtschalter, was sofort einen spitzen Schrei aus dem Innern des Badezimmers hervorrief. Diesen Schrei brachte er aber nicht mit plötzlicher Dunkelheit in Verbindung, daher öffnete er langsam die unverschlossene Badezimmertür und starrte aus dem dunklen Flur hinein ins dunkle Badezimmer, um hinter das Phänomen des spitzen Schreis zu gelangen. Das Phänomen, das eines großen Schattens gewahr wurde, dessen grauer Haarschopf durch das Mondlicht vom Badfenster aufleuchtete, quittierte diese Erscheinung mit einem weiteren, diesmal langgezogenen, Schrei. Der von Vorlesungen und Reden geübte Bariton meines Vaters beantwortete den zweiten Schrei mit einem drohenden „Wer ist da?". Das Phänomen sprang darauf im Affekt auf den Klodeckel und war sich sicher, einen bösen Geist aus jahrhundertealter Ruhe aufgescheucht zu haben. Erst da drückte mein Vater auf den Lichtschalter, was die Situation aber nicht wirklich entspannte. Das Licht der Badlampe enthüllte, dass beide Beteiligten splitterfasernackt waren.

„Wer sind Sie?", fragte mein Vater, als Katharina auf dem Klodeckel stehend versuchte, mit den Händen ihre Scham und zugleich mit den Oberarmen ihre Brüste zu verdecken. Mein Vater verdeckte nichts, sondern baute sich drohend noch weiter auf.

Mit gesenktem Blick und zitternder Stimme versuchte Katharina, die Situation zu entschärfen. „Du bist bestimmt der Thomas ... oder?"

„Woher kennen Sie meinen Namen und wie kommen Sie in meine Wohnung?"

„Hannes hat mich reingelassen ... und auch erzählt, dass du hier wohnst, aber eigentlich nie da bist ... Und ich wusste auch nicht, dass du so viel älter bist."

„Älter? Älter als wer?"

„Na, als Hannes."

„Jünger als Hannes kann ich ja kaum sein."

„Aber auch nicht so viel älter."

„Warum?"

„Na, du bist doch sicher zwanzig oder dreißig Jahre älter als er."

„Zweiunddreißig Jahre, um genau zu sein."

„Siehst du, das ist doch ungewöhnlich, so ein Altersunterschied."

„Ich wüsste nicht, was daran ungewöhnlich sein soll."

„Zweiunddreißig Jahre älter. Du könntest sein Vater sein."

„Ich könnte was?"

„Du könntest sein Vater sein. Mit zweiunddreißig Jahren ein Kind zu bekommen ist ja nicht so ungewöhnlich."

„Junge Frau, wollen Sie mich verschaukeln?"

„Nein, natürlich nicht, aber ..."

„Was hat Ihnen Hannes denn von mir erzählt?"

„Nichts eigentlich. Nur, dass du fast nie da bist."

„Das ist Ansichtssache. Er ist ja quasi immer hier. Also ab dem

Spätnachmittag. Manchmal geht er abends weg, aber sonst hockt er immer in der Bibliothek. Aber auch, wenn ich das Haus öfter als er verlasse, bin ich ja nicht gleich nie hier."

„Ich will das auch gar nicht ausdiskutieren. Klär das selbst mit deinem Bruder."

„Wieso sollte ich diese Frage mit meinem Bruder klären? Der lebt in Nürnberg und war seit drei Jahren nicht in dieser Wohnung."

„Nein, das musst du mit deinem andren Bruder klären."

„Mit welchem anderen Bruder? Ich habe nur den einen."

An dieser Stelle stieß ich, ebenfalls völlig nackt, hinzu.

„Ach Hannes, da bist du ja. Die junge Dame meinte, du hättest sie hier reingelassen. Aber jetzt, da ihr beide im Adams- und Evaskostüm rumlauft, erhellt das die Sache. Hättest du doch was gesagt."

„Ich dachte, du bist bei Sarah."

„War ich ja auch. Aber Friedrich ist krank und Sarah bleibt mit ihm zu Hause. Da braucht sie keinen Babysitter und ich konnte los."

„Dann häng doch einfach mal deinen Mantel an die Garderobe oder lass deine Schuhe im Flur stehen. Dann weiß man, dass du da bist."

„Das machst du doch auch nicht!"

„Ja, aber nur, weil du das schon immer –"

Da unterbrach uns Katharina. „Ich würde mir jetzt gerne was anziehen. Mir ist kalt und mir ist unwohl dabei, nackt mit zwei nackten Brüdern in einem Bad zu stehen."

„Brüdern?", fragte mein Vater. „Jetzt fällt der Groschen. Brüder!" Und dann brach etwas aus ihm heraus, das ich eigentlich immer an ihm geliebt habe. Sein tiefes, kehliges Lachen. Ein Lachen, das den ganzen Körper schüttelt.

Katharina stand immer noch zitternd auf dem Klodeckel.

„Gute Nacht, Bruder", brachte mein Vater mit vor Lachen erstickter Stimme hervor und ging aufs Gästeklo.

Dann traf mich ein Blick, der ganze Landstriche hätte auslöschen können.

„War das dein Vater? War das gerade dein nackter Vater, den ich für deinen Bruder gehalten habe? Hast du mich gerade nackt und allein gelassen, damit ich das herausfinde? Du bist eine Art von Arschloch, die mir bisher nicht untergekommen ist, eine Art von Arschloch, wie ich es mir in den dunkelsten Stunden nicht hätte ausmalen können. Gib mir jetzt bitte zwei Minuten, dann bin ich weg. Und ich Idiotin dachte noch vor zehn Minuten, dass ich hier gern länger bleiben würde. Bleib da stehen, in zwei Minuten kannst du in deine Welt zurück."

Als ich in mein Bett zurückging, war es völlig kalt. Und drei Wochen später bekam ich die Rechnung für Katharinas Besuch.

„Mama, ihr habt gar nicht vor, in der Uckermark mit mir zusammenzuleben, oder?"

„Nein, wie kommst du darauf?"

„Weil wir schon seit fünfunddreißig Jahren zusammenleben."

„Und das ist mehr als genug, Hannes. Vielleicht machst du dich ja jetzt auf in dein eignes Leben. Wenn fünfunddreißig Jahre nicht reichen, dich aus dem Nest zu stoßen, dann muss eben das ganze Nest weg. Wir gehen ja auch nicht deinetwegen. Aber wir bleiben deshalb auch nicht. Wir werden bald alt sein und bis dahin wollen wir eine Weile für uns oder bei den Enkeln sein."

„Wo soll ich hin?"

„Das überlassen wir ganz dir. Aber wenn du hier Miete zahlen kannst, dann auch woanders."

„Woanders, woanders. Das ist meine Heimat hier, mein ganzes Leben, meine Bücher, alles."

„Die Bücher kannst du mitnehmen."

„Wie bitte?"

„Ja, die Bibliothek gehört dir. Inklusive Sofa."

„Ihr gebt die Bibliothek einfach her? Wie einen Haufen Papier?"

„Nein, wir geben sie in die besten Hände."

„Und das Lesen gebt ihr auch gleich auf?"

„Nein, aber dein Vater und ich haben ja einen Kindle."

„Ihr habt was?"

„Einen Kindle. Das ist so ein E-Book-Reader –"

„Mama, ich weiß, was ein Kindle ist. Aber ihr? Einen Kindle? Ist euch denn nichts heilig?"

„Doch, unser Seelenfrieden."

„Ach so, und den habe ich gestört und deshalb werde ich nun vertrieben. Ist das wegen neulich, Papa? Sag doch auch mal was! Das ist doch nur wegen der Frau von neulich, oder? Das kommt nie wieder vor, versprochen!"

Erst versuchte mein Vater, es runterzuschlucken, aber umso stärker brach sein Lachen dann Sekunden später aus ihm hervor. Und auch meiner Mutter standen plötzlich Lachtränen in den Augen und sie begann zu beben.

„Macht euch nur lustig über mich. Ich kann gerade leider nicht mitlachen. Ich muss mir nämlich mal eben ein neues Leben suchen. Warum habt ihr eigentlich die Wohnung gleich gekündigt, ich hätte sie vielleicht irgendwie weitermieten können?"

„Genau deshalb, Hannes."

„Weshalb?"

„Damit du dir ein neues Leben suchen musst. Es wird Zeit, erwachsen zu werden."

Dass jemand mit fünfunddreißig beginnt, erwachsen zu werden, hat man schon gehört. Aber das gilt doch nicht für mich. Natürlich kenne ich auch Leute, die jenseits der Jahre leben, in denen sich andere eine Familie zulegen, plötzlich acht statt vier Stunden Schlaf benötigen und bemerken, dass eine Küchenmaschine einen größeren Kaufwunsch auslöst als ein Festivalticket. Jeder kennt Menschen oder hat von ihnen gehört, die diese Jahre in studentischer Lebensweise, aber mit mehr Geld in der Tasche und professionalisierten Hobbys verbracht haben. Doch irgendwann bemerken auch diese Menschen, dass ihre erwachsenen Freunde nur noch selten am selben Kneipentresen sitzen. Sie bemerken, dass sie keinen Beitrag mehr zu den diskutierten Themen liefern können. Das hab ich alles schon beobachtet und vorher gelesen. Das höfliche Interesse, wenn sie von ihren Freizeitaktivitäten sprechen, hält das Gegenüber nicht lange aufrecht. Denn ein angebrochenes Gespräch über den letzten

Elternabend oder die neue Kita-Leitung, ein Gespräch mit einem anderen Erwachsenen wartet noch auf seine Vollendung. Und dann werden diese Leute auch erwachsen und holen die ganze Familienarie nach. Solche Leute kennt man oder hat von ihnen gehört, aber mit fünfunddreißig Jahren erwachsen werden, das passiert anderen. Nicht mir.

Ich bin zu jedem Thema aussagefähig. Keine Lebenslage, keine Gewissensfrage ist so besonders, dass sie nicht schon in irgendeinem Buch beschrieben und beantwortet worden wäre. Es war doch ich, der schon erwachsen auf die Welt gekommen ist. Ich kann mit Freunden, die gerade von einer Reise aus den Neuengland-Staaten zurückkehren, vortrefflich vom Indian Summer in Maine sprechen, ohne jemals dort gewesen zu sein. Eine frisch verlassene Bekannte findet in mir den idealen Gesprächspartner, da ich etliche verlassene und wieder erstarkte Romanheldinnen kenne und auch meinen Freud und meinen Jung gelesen habe. Ich war erwachsen von Geburt an und konnte es somit gar nicht mehr werden.

Meine Eltern wollten einfach ihre Ruhe haben, ganz plötzlich. Sie hatten keine Lust auf meine Frauenbesuche, einverstanden, würde nie wieder vorkommen. Und trotzdem zerstörten sie die Welt, die sie selbst erschaffen hatten. Dieses „Es wird Zeit, erwachsen zu werden" klang mir laut in den Ohren. Besonders laut, als ich in einer leeren Wohnung stand, die bald mein Zuhause sein sollte.

Sie lag nur vier Straßen entfernt von meinem alten Zuhause und trotzdem in einem fernen, fremden Land. Ich sprach kein Wort, aber von den leeren Wänden schallte die Stimme meiner Mutter zurück wie ein Fanal: „Es wird Zeit ... es wird Zeit ... es wird Zeit ... erwachsen zu werden."

Ein Troll ohne Verständnis

Ich habe gelesen, dass ein Umzug ein Grund zur Freude sein kann. Freunde von mir hatten es zumindest so beschrieben. Ein Umzug war etwas, das man mit anderen Freunden machte und anschließend gemeinsam feierte. Mir kam das völlig absurd vor, brachte Umziehen doch nur Probleme mit sich. Die Mietpreise in Pankow erschlugen mich, die Kosten für eine Umzugsfirma auch. Ich verbrachte meine Wochenenden in Schlangen von Menschen, die zu Wohnungsbesichtigungen kamen. Sie waren alle schlecht vorbereitet. Keiner hatte das Formular der Hausverwaltung vorher ausgefüllt und nur die Hälfte hatte Gehaltsnachweise dabei. Ich legte den Menschen, die diese Wohnungen vermittelten, stets den vorher zugeschickten Fragebogen, fünf statt drei Gehaltsnachweise vor und plauderte so lange, bis ich die Frage stellen konnte, ob sie lieber Weiß- oder Rotwein tranken. Je nach Antwort überreichte ich dann eine von den zwei Flaschen in meiner Tasche und ging. Nach drei Wochen hatte ich vier Zusagen.

Ich entschied mich für eine Wohnung, deren großer Balkon mir egal war, die aber ein sehr großes Erkerzimmer hatte. Das Lesesofa sollte einen guten Platz haben. Außerdem war der Straßenname schön. Ein französischer Name, nach einem Hugenotten. Gaillardstraße. Zu meinem Glück war Herr Breitbarth, der längst pensionierte Schreiner meiner Familie, bereit, noch einmal Hand anzulegen. Er baute die neuen Regale für die Bibliothek und bekam meine gesamten Ersparnisse dafür. Was mir noch fehlte, war Zeit zum Umziehen. Zeit, viertausend Bücher in die Regale zu stellen. Und die musste ich dem Troll abtrotzen.

Der Troll war der Inhaber von Besttext. Er war mein Arbeitgeber und der Herr von jedem, der als Gegenleistung für ehrliche Arbeit so etwas Unverschämtes wie ein Gehalt verlangte. Er hatte ein exzellentes Netzwerk in die Politik und generierte Aufträge, für die der Steuerzahler aufkam, um den Kindern im Land

Kompetenz und Bildung zu vermitteln. Ich war seit fünfzehn Jahren sein Angestellter. Sein erster und treuster. Kinder haben ihn nie interessiert. Aber er hatte den Markt sehr früh erkannt, den der demografische Wandel und die PISA-Studien hervorgebracht hatten. Er hatte den Entscheidungsträgern dieses Landes immer Projekte vorgeschlagen, die ihr Image polieren konnten. Er verkaufte ihnen eine Hochglanz-Lösung, mit der sie die eigene Fantasie- und Wirkungslosigkeit überdecken konnten. So wuchs der Laden rasant und wir benötigten bald neue Mitarbeiter. Das war nicht schwierig. Der Boom Berlins als Medienstadt spülte täglich junge Menschen an, die auf der Suche nach einem modernen Beruf waren. Einem Beruf, der zum Lifestyle passte. Junge Menschen, denen man Arbeitszeiten von zehn Uhr morgens bis dreiundzwanzig Uhr abends als Work-Life-Balance verkaufen konnte.

Der Troll hieß eigentlich Thomas von Rollheim. Und er stellte fast jeden neuen Bewerber ein. Frauen nur, wenn sie attraktiv waren, aber eigentlich jeden männlichen Bewerber, der ihm erzählte, er sei unglaublich flexibel und wolle richtig was bewegen. Man hätte meinen können, die Personalkosten gingen durch die Decke, aber für jeden Neueingestellten wurde ein bestehender Mitarbeiter gefeuert.

„Hannes, der Herr Fritsch ist noch richtig hungrig, der will noch was bewegen. Der macht den Job von Sascha in der halben Zeit und doppelt so gut. Und seit seine Freundin schwanger ist, ist Sascha in Gedanken doch die ganze Zeit schon beim Geburtsvorbereitungskurs. Da muss man ehrlich sein und sich trennen. Der hat hier so viel gelernt, eigentlich müsste er mir ein Honorar zahlen. Da brauchst du nicht so sozialdemokratisch gucken."

„Ich frage mich nur, wer jetzt die Dialoge für den Kidsplay-Auftrag zu Ende schreiben soll. Wir müssen in zwei Wochen das komplette Skript für das Spiel liefern. Kann der Herr Fritsch sich in eine hungrige dicke Libelle versetzen, die Lebensmittel danach befragt, ob sie gesund für sie sind? Oder in einen Schokoriegel, einen Apfel oder in eine Schüssel Müsli, die der Libelle antwortet? Sascha kann das."

„Frag dich lieber, warum der Sascha damit zwei Wochen vorm

Liefertermin noch nicht fertig ist. Kidsplay produziert das fürs Bundesgesundheitsministerium. Das ist ein Key-Account, den dürfen wir nicht verprellen. Die sollen beim nächsten Mal direkt bei uns anfragen. Sorg bitte dafür, dass Sascha eine ordentliche Übergabe macht."

„Der hat sich heute Morgen krankgemeldet."

„Da siehst du es wieder. Ich spüre, wenn ein Mitarbeiter illoyal wird. Es war höchste Zeit, sich von Sascha zu verabschieden. Außerdem, was will er eigentlich? Er war noch in der Probezeit."

„Das ist ja hier keine Ausnahme."

„Na und? Dann sind die andern jetzt gewarnt. Wir dürfen diesen Auftrag nicht verkacken. Dafür trägst du mir Sorge."

Der Troll hatte mir geringfügige Kompetenzen gegeben, mit denen ich so etwas wie der Chef vom Dienst war und den Laden in seiner Abwesenheit am Laufen halten konnte. Das beinhaltete vor allem fast tägliche Statusabfragen bei den Mitarbeitern, da der Kobold nach seiner Einstellung niemandem etwas zutraute.

Meine Kompetenzen reichten zum Kontrollieren und so weit, dass ich die Arbeit, die ich nicht selbst übernehmen wollte, auf andere Schultern verteilen konnte. Und er brauchte mich, da ich jeden Kunden kannte und bei Problemen mit einem neuen Textentwurf zufriedenstellen konnte. Was ich tun musste, machte ich, ohne mich anstrengen zu müssen. Ich konnte immer um fünf Uhr Schluss machen und nach Hause fahren. Die jungen Kollegen taten mir leid, aber es bekümmerte mich nicht lange. Den Troll konnte ich nicht mehr ändern. Er zahlte mein Gehalt stets pünktlich und das, seitdem ich mein Studium beendet hatte. Doch als ich den Mietvertrag unterschrieben hatte und wusste, dass ich in zwei Monaten die Bibliothek allein einräumen müsste, da hatte ich zum ersten Mal einen Wunsch an den Troll. Ich brauchte Zeit. Ich musste ihn um etwas bitten.

Er kam wie immer zwei Stunden nach mir ins Büro und stellte sich neben mich, um zu überprüfen, ob ich gerade privat surfte oder arbeitete. Von diesem Platz konnte ich ihn leicht verscheuchen. Ich musste mich nur gerade hinsetzen und schon war ich fast so groß wie er. Das war seine größte Schwachstelle, die trollhafte Größe. Er setzte sich rasch auf seinen Platz mir gegenüber und lehnte sich so weit nach hinten, dass die komplette Behaarung seines Bauches freilag.

Er kratzte ein bisschen darin herum und stellte Fragen. „Hannes, wer hat jetzt den Hut auf bei diesem Projekt, dieses, du weißt schon, dieser sprechende Stift, der Kindern vorliest? Dieses Spanisch-Lernbuch?"

„Die deutschen Texte macht jetzt Carola, die spanischen immer noch Almudena. Ich schick dir wegen der aufgelaufenen Kosten nachher das Reporting. Aber wenn du gerade da bist, ich hab da ein Anliegen."

„Ein Anliegen?" Das war ein Reizwort, was den Troll sofort in die Aufrechte brachte, auch wenn er dadurch nicht viel größer als im Liegen war. „Was für ein Anliegen?"

„Ich muss meinen Weihnachtsurlaub in den Oktober vorverlegen."

„Bist du verrückt, weißt du, was hier im Oktober los ist? Das ist Geschäftsjahresende, da hagelt es Aufträge."

„Ich weiß, aber ich muss umziehen und ich habe eine Menge Bücher auszupacken. Das würde ich gern in Ruhe machen und die zehn Tage würden sehr helfen. Oder wenigstens sieben, oder fünf."

„Vergiss es gleich wieder. Ich bezahl dich viel zu gut, als dass du mitten im Herbst hier Pause machst. Frag doch ein paar Kollegen, ob sie dir ein Wochenende helfen. Du bist doch hier sehr beliebt."

„Ich glaube, du überschätzt meine Beliebtheit ein wenig."

„Und wenn schon. Man muss ja nicht mit jedem befreundet sein, nur weil man zusammenarbeitet. Distanz im Beruf hat noch keinem geschadet."

„Kann ja sein, aber das löst mein Umzugsproblem nicht."

„Ich werde es auch nicht lösen. Und ich hab jetzt ein Bewerbungsgespräch. Eine hübsche orientalische Brünette, die könnte dieses Integrationsprojekt für Flüchtlinge übernehmen. Bei der sieht man schon auf dem Bewerbungsfoto, dass sie noch richtig hungrig ist."

„Meinst du, sie soll ‚Samira lernt Deutsch' übernehmen?"
„Ja, laut Bewerbung spricht sie fließend Türkisch."
„Jemand, der fließend arabisch spricht, wäre mir lieber."
„Arabisch, Türkisch. Das ist doch dieselbe Soße. Die macht das schon. Ich erklär der das. Und schlag dir deinen Urlaub aus dem Kopf, bis ich zurück bin."
Dann ging er. Ich überlegte kurz, was jetzt die größere Aufgabe war. Sandra zu sagen, dass sie so gut wie gefeuert war oder der neuen Kollegin zu erklären, dass ihr Türkisch nicht gefragt war, egal, was der Troll gesagt hatte. Aber eigentlich war beides lächerlich gegen die Herkulesaufgabe, viertausend Bücher allein und nach Feierabend in meiner neuen Wohnung einzusortieren. Ich würde das über Weihnachten machen müssen. Vor Silvester würde die Bibliothek nicht stehen.

Besuch aus dem Erdgeschoss

Es war noch nicht spät an diesem ersten Abend in meiner neuen Wohnung. Die frühe Dunkelheit Ende Oktober vor den Fenstern war geradezu hell, verglichen mit der Finsternis in meinem Herzen. Mein ganzes Leben war aus seinen vertrauten Regalen in graubraune Kartons gewandert. Die neuen Regale waren schön, aus Kirschholz wie ihre Vorgänger und reichten vom Boden bis zur Decke. Doch hatten sie noch nichts zu erzählen.

Immerhin hatte das Lesesofa seinen Platz vor dem Fenster. Mit der Rückenlehne zum Raum, wie es immer gestanden hatte. So blickte ich durch ein fremdes Fenster hinaus in einen fremden Herbsthimmel. Ich hielt das Klingeln an meiner Tür für ein Versehen und ging in die Küche. Auch beim zweiten Klingeln blieb ich dort und stellte die Weingläser in den Schrank. Beim dritten Klingeln aber ging ich zur Tür und lauschte.

Der Klingler stand nicht unten auf der Straße. Er stand vor meiner Tür. Ich blickte vorsichtig durch den Spion. Ein Mann mit einem nachlässig rasierten Gesicht lachte mich freundlich an und nickte. Da öffnete ich.

Es sei guter Brauch, sich den neuen Nachbarn vorzustellen, sagte er. In meiner bisherigen, bürgerlichen Vorstellung ging dafür der Neuankömmling auf die Alteingesessenen zu, aber mein unbekannter Besucher legte dieses ungeschriebene Gesetz anders aus. In der Hand hielt er eine Flasche Kröver Nacktarsch und eine Kiste Weinbrandbohnen und bat um Einlass. Er ignorierte meine höflichen Einwände, dass ich gerade erst eingezogen sei und nicht mal einen richtigen Sitzplatz anbieten könne, und trat ein.

„Wieso? Da steht doch een Sofa. Dit reicht dicke für uns beede." Und schon nahm er Platz. Ich setzte mich dazu.

In meiner Vorstellung des Kennenlernens beginnt ein solches Gespräch mit der Nennung des eigenen Namens und einer entsprechenden Antwort des Gegenübers, einem kurzen Abriss über die Karriere und ihren aktuellen Stand.

Dann gleitet es lockerleicht hinüber zur regionalen Herkunft der Anwesenden und zum Bekenntnis, dass man entweder italienischen oder französischen Rotwein bevorzuge. Aber das waren heute nicht die Themen, was ich als sehr angenehm empfand.

Bei der Frage nach der Karriere begann ich sonst immer, unkonkret zu werden. „Ja, wie soll ich das beschreiben, ich bin Medienschaffender, ich schreibe, vor allem im Bereich Unterhaltung für Kinder." Auf Einweihungspartys im Prenzlauer Berg oder in Pankow bist du damit der König bei den Müttern, aber mein neuer Nachbar wollte in dieser Richtung gar nichts wissen.

Er saß zufrieden da und fragte: „Ham die Möbelpacker dit Sofa falsch rum hinjestellt?"

„Nein, ich wollte das genau so haben."

„So rum? Da kiekste doch den janzen Tag ausm Fenster. Und wenn de Besuch hast? Also mehr als eene Person? Sitzen die denn zum Quatschen ooch uffm Fensterbrett?"

„Ich bekomme nicht so oft Besuch."

„Vastehe. Und die janzen leeren Rejale? Drehst de die ooch noch um?"

„Nein, da kommen meine Bücher rein. Dazu bin ich noch nicht gekommen. Ich wohne ja erst seit ein paar Stunden hier."

„Wie, du hast jenuch Bücher, um die janzen Rejale damit vollzumachen?"

„Ja. Einige davon doppelreihig."

„Willste hier ne Bibliothek uffmachen?"

„Das sind einfach meine Bücher. Und die stelle ich eben in Regale."

„Wie viele Bücher sind denn dit?"

„Grob geschätzt viertausend."

„Haste die alle jelesen?"

„Die Belletristik schon, aber ich habe auch einige Lexika, Handbücher, Anthologien, Reiseführer, Atlanten und Zeitschriften. Die habe ich nicht komplett gelesen."

„Zeitschriftn hab ick ooch. Die passn aba in die Ablage vom Fernsehschrank. Apropos, wie kiekste vom Sofa aus eijentlich fern? Kommt die Glotze ooch uffs Fensterbrett?"

„Nein, ich habe keinen Fernseher."
„Du hast keenen Fernseha?"
„Nein."
„Aber viertausend Bücher."
„Ja."
„Und du willst janz alleene viertausend Bücher in die Rejale stelln? Da bist du doch Weihnachten noch nich fertich."
„Ich werde erst Weihnachten damit anfangen können."
„Also uff mich wartet ooch keener und wo ick schon ma da bin, kann ick dir doch ooch glei helfen."
„Beim Büchereinräumen?"
„Ja. Keene Angst. Ich krieje nich gleich nen Ausschlag, wenn ick eens anfass."
„So hab ich das doch gar nicht gemeint."
„Weeß ick doch! Wo sindn die Bücher?"
„In den Kisten, die an der Wand gegenüber stehen. Vor den anderen Regalen."
„In allen Kisten, die anna Wand stehn? Also an der Wand, die man vor lauta Kistn jar nich sehn kann?"
„Ja, in allen. Aber die Kisten sind beschriftet."
„Aha, und wat steht da druff? Bücher?"
„Nein, die sind vorsortiert. Die Romane, Erzählungen und Gedichte alphabetisch nach dem Namen des Autors. Die Theaterstücke auch und der Rest nach Thema oder Epoche."
„Und dit wird hier wirklich keene Bibliothek?"
„Keine öffentliche jedenfalls. Aber ich nehme dein Angebot gern an. Wir suchen als Erstes die Kiste Romane A bis BO."
„Und die zweete Kiste? Nur damit ick dit System glei vastehe."
„Romane BR bis DA."
„Jut, dit wird n langa Abend."
„Trinkst du ein Glas Wein dazu?"
„Ja, warum nich? Wolln wa den Kröver Nacktarsch glei köpfen? Den trink ick janz jern."
„Nein, den heb ich mir für einen besonderen Moment auf, ist ja ein Begrüßungsgeschenk. Ich hab aber Wein in den Kisten in der Küche."

„Sind deene Weine ooch alphabetisch sortiert?"
„Nein, nur nach Farben. Eine Kiste weiß, eine Kiste rot. Was trinkst du lieber?"
„Na denn nen Roten."
Ich ging in die Küche, öffnete eine Flasche Nino Negri aus dem Veltlin und kam mit zwei Gläsern und dem Wein zurück. Da fiel mir auf, dass ich noch nicht mal den Namen meines neuen Nachbarn kannte.
„Sag mal, wie heißt du eigentlich? Ich hab noch nicht auf dein Klingelschild geguckt."
„Da steht Kleinschmidt."
„Aha, du bist also der Kleinschmidt."
„Nee, ick bin Hupe."
„Hupe Kleinschmidt?"
„Nee, nur Hupe."
„Und Kleinschmidt?"
„Dit is nur für die Post."
„Okay. Alles klar. Hupe, ich bin Hannes."
„Zum Wohl, Hannes."
„Zum Wohl, Hupe. Woher stammt der Name Hupe eigentlich?"
„Woher der stammt?"
„Ich meine die Herkunft. Ist das baltisch oder skandinavisch?"
„Nee, dit is deutsch für Hugo Peter. Hat mich meene Mutter jenannt. Klingt aber Scheiße."
„Also Hugo Peter Kleinschmidt?"
„Nee, einfach Hupe."
„Gut, Hupe, dann fangen wir mal an."
Ich stellte die Trittleiter ans Bücherregal und nahm die Liste, in der ich die Beschriftungen der Kisten notiert hatte, aus meiner Tasche. Hupe trug die jeweils nächste Kiste ans Regal und reichte mir die Bücher. Seine Hände waren so groß, dass er zehn Hardcover mit einer Hand aus der Kiste holen und nach oben geben konnte. Ich nahm sie ihm mit beiden Händen ab und stellte sie ins Regal. Es ging alles unglaublich schnell und die leeren Kartons klappte er sofort auseinander und stapelte sie säuberlich in einer freien Ecke des Zimmers. Gegen halb eins waren wir mit

Romanen, Erzählungen und Lyrik durch. Dann kamen wir zu den anderen Formaten. Die vier Bände von Gebhardts *Handbuch der Deutschen Geschichte* reichte er mir zwischen Daumen und Zeigefinger. Die neunundzwanzig Bände von *Die Weltbühne* standen innerhalb von zwei Minuten im Regal. Nur die historischen, großformatigen Atlanten und ein paar Bildbände gab er mir einzeln. Um halb vier morgens war alles im Regal. Ich war unglaublich glücklich, dass die Bibliothek so schnell wieder da war. Hupe saß auf einem Stuhl, den er hinter den Umzugskisten gefunden hatte, und betrachtete die Regale.

„Meine Fresse, dit hat wat. Die janzen Bücher so nebenander. Dit hat echt wat. Und die janzen Romane, Jedichte und so, die haste alle jelesen?"

„Ich kann nicht mit Sicherheit sagen, ob wirklich alle, aber den größten Teil."

„Meine Fresse, du musst echt schlau sein."

„Ich glaube, da überschätzt du mich."

„Nee, dit kann nur so sein. Aber wennde nich saua bist, würd ick langsam wieda runter jehn und penn. Ick bin jetz ziemlich durch."

„Natürlich bin ich nicht sauer, ich weiß gar nicht, wie ich dir danken soll."

„Ach, lass ma, dit hat doch Spaß jemacht. Ick dacht nur, am ersten Abend hier willste vielleicht nich so alleene rumsitzn."

„Du, das bin ich gewohnt und es ist gleich vier. Ich geh jetzt auch ins Bett."

„Na jut, denn sehn wa uns die Tage, wa?"

„Ja natürlich und vielen Dank."

„Jern geschehn, ick wohn übrijens Erdjeschoss, falls der Wein ma alle is."

„Danke."

„Und ooch, wennde ma nich alleene sein willst. Bist ja neu inna Stadt."

„Nein, das bin ich nicht."

„Ach nee! Na zumindest aus Pankow wirste schon nich sein."

„Doch, gebürtig. Ich wohne seit fünfunddreißig Jahren hier."

„Komisch, ick hab dir hier noch nie jesehn. Ick hätt jedacht, du kommst aus Sindelfingen oder Wuppertal oder so. Ooch, weil de jesacht hast, dass de nie Besuch hast. Da war mir klar, der kennt hier noch keenen. Aber ick will jetz ooch nich nachbohrn. Nur, wennde aus Pankow kommst, hätt ick jedacht, dann haste Freunde hier und vielleicht ne Freundin. Die helfen beim Einzug und dann jibt's ne Einweihungsparty. Jeht mich ja ooch nüscht an. Jedenfalls, mein Anjebot steht. Wennde willst, meld dich einfach. Jute Nacht."

In der folgenden Nacht schlief ich sehr schlecht. Was vielleicht kein Wunder ist, wenn die eigenen Eltern einen brutal mit seinen Wurzeln ausreißen und man sich in der Fremde selbst wieder einpflanzen muss. Ich ging in der Bibliothek auf und ab und suchte auf den vertrauten Buchrücken nach einer Antwort. Nach einer Geschichte, die meiner Situation so verwandt war, dass ich darin einen Rat zum Umgang mit ihr finden konnte. Aber es gelang mir nicht.

Meine Nachtgedanken kreisten um Hupes letzte Worte des Abends. Ich habe zwei Sorten von Freunden und zu beiden habe ich ein gespaltenes Verhältnis. Es gibt die, mit den Karriere- und Kindergartengesprächen und die, die sich, seit sie achtzehn geworden sind, nicht mehr verändert haben. Beide sind mir suspekt. Die ersten, weil sie mir vorhalten, dass auch ich mich nicht entwickelt habe, die zweiten, weil sie sich nie verändert haben und ich mich nicht dazu zählen will.

Meine Mutter hätte ihre helle Freude an diesen Gedanken gehabt, wollte sie doch, dass ich erwachsen wurde und zum Erwachsenwerden gehörte Reflexion. Zum Reflektieren hatte ich bisher immer ein Buch herangezogen. Auch in unruhigen, gedankenschweren Nächten wie diesen. Doch in dieser Nacht, da fiel mir kein Buch ein, das mir die Situation erhellt hätte. Kein Roman, keine Erzählung, kein Essay.

Da fasste ich einen Plan. Ich würde eine Einweihungsparty geben. In meiner Wohnung, in meiner Bibliothek. Eine Feier, wie meine Freunde sie gaben. Eine Feier, für die ich hin und wieder die Bibliothek verlassen hatte, um dann wiederum fast nur von Büchern zu reden.

Es war in den Jahren, in denen meine Freunde ihre immer größer werdenden Mietwohnungen und schließlich ihre eigenen Häuser einweihten, ein regelrechter Brauch entstanden. Die *Regalbesprechung.* Mit großer Empathie für die Unwissenden habe ich auf diesen Festen stets ausführliche Empfehlungen ausgesprochen, was dem Bücherregal im neu bezogenen Wohnzimmer an Inhalt fehlte, um wenigstens den Mindeststandard zu erfüllen. Ich habe von Romanfiguren gelernt, klug, aber nicht arrogant zu wirken. So hatte ich immer einen kleinen Auftritt außerhalb der Bibliothek und doch mitten in ihr drin. Das hat den Gästen immer Spaß gemacht und ich glaube, ich wurde von meinen Freunden, die noch mehr Karriere machen wollten, besonders gerne eingeladen. Auf diesen Feiern waren ihre neuen Kollegen und ihre Vorgesetzten anwesend und mit mir konnte man dem Umfeld der eigenen Herkunft ein bisschen mehr Bildung verleihen. Mir hat es immer Freude bereitet, vor Leuten über Bücher zu sprechen und meistens fand sich unter den eingeladenen Frauen eine, die ihr Bücherregal auch meiner Prüfung unterziehen lassen wollte. So begutachtete ich an diesen Abenden meist zwei Bücherregale und schlief mit fremden Frauen.

Das nächste Mal aber, da würde ich einladen. Ich würde Menschen zu mir einladen und auf die unsinnige Theorie meiner Mutter eingehen, dass ich bisher nicht aufgestanden sei. Sollten sie alle kommen, die Ärzte, Anwälte und Staatssekretäre. Sollten sie alle sehen, dass ein Leben mit Büchern ein erfülltes Leben ist. Sollte meine Mutter davon hören, dass es eines ist.

Mir war klar, dass es kein kühner oder verwegener Plan war, Leute zu sich einzuladen. Es war nur einfach neu für mich, meine Fragen nicht mittels einer passenden Lektüre beantworten zu können. Dann sollte es dieses Mal so sein. Es war ja nicht alles falsch im Leben, nur weil man einmal kein Buch fand, das einem helfen konnte.

Am nächsten Morgen, einem Sonntag, verschickte ich E-Mails mit einer kurzfristigen Einladung für nächsten Samstag. Die Reaktionen kamen postwendend. Von vierzig Angeschriebenen antworteten neunundzwanzig innerhalb von zwei Stunden. Alle Antworten hatten einen Tenor: „Wie bitte, du bist ausgezogen? Zum ersten Mal bei dir zu Hause! Das lasse ich mir nicht entgehen", und „Ich sage alles ab und werde da sein." Auch Philip kündigte sein Kommen an. Ein Juniorprofessor für Literaturwissenschaften. Er war der Einzige, der meine Begutachtung seines Bücherregals nur mit gespieltem Humor hatte über sich ergehen lassen. „Revanche!", schrieb er, „Revanche! Endlich zeigst du mal, was du so im Regal hast. Ich kommentiere jedes deiner Bücher!" Er wusste nicht, was er sich da vorgenommen hatte.

Holgers Stöber-Shop

Die ersten Tage in meiner Wohnung waren verwirrend. Auch wenn ich nur vier Straßen weiter gezogen war, sah mein Kiez doch völlig anders aus. Ich ging durch Seitenstraßen, die ich nie oder kaum zuvor benutzt hatte. Manchmal sah ich auf der Straße ein vertrautes Gesicht, das in Richtung meiner alten Heimat weiterzog, aber sonst waren mir alle Anwohner fremd. So musste es auf Reisen sein. Alles neu, alles fremd und keine Ahnung, wo man alltägliche Dinge erledigen konnte. Zum Glück war die Sprache noch die gleiche.

Ich musste noch ein Paar zu kleine Lederstiefel zurückschicken und hatte keine Ahnung, wo ich das Paket abgeben konnte. Außerdem waren meine Zigaretten alle und ich wusste noch nicht, wo ich meine Tageszeitung für die Fahrt zur Arbeit bekam. Vor meinem alten Haus gab es auf dem breiten Gehweg einen uralten Kiosk, wo ich alles zugleich erledigen konnte. Diesen Kiosk führte Herr Sobkowski schon länger als ich auf der Welt war. Mein Vater hatte hier in den DDR-Jahren unterm Ladentisch schon englischen Pfeifentabak gekauft. Hier hatte ich mein erstes Taschengeld ausgegeben. Hier hatte ich als Schulkind manchen Nachmittag im Kiosk gesessen und Zeitungen gelesen, wenn ich den Schlüssel vergessen hatte und auf meine Eltern wartete. Und in den Jahren vor '89 war Sobkowski eine der wenigen geheimen Quellen für Westliteratur gewesen. So kaufte ich von meinem Taschengeld irgendwann verbotene Bücher.

Ich hing an Sobkowski, wie ich an der Wohnung, meinem Zimmer und den ganzen Jahren dort hing. Auch wenn mich der Weg zum alten Kiosk mit seinem gusseisernen Tragwerk von meiner neuen Wohnung nur zehn Minuten gekostet hätte, konnte ich es nicht aushalten, dort Zigaretten zu kaufen. Zu nah war ich dort dem Paradies, aus dem ich vertrieben worden war. Ich konnte nicht Herrn Sobkowskis großes, lachendes, vertrautes Gesicht aushalten, nicht seine warme Stimme, mit der er für jeden stets die richtigen Worte fand und mit der er immer meine werten Eltern hatte grüßen lassen. Nein, das konnte ich nicht aushalten.

Mit dem erzwungenen Verlassen meines Zuhauses war auch alles für mich Dazugehörige beendet. Eines ging nicht ohne das andere. Ich ging auch nicht mehr zum Bäcker Strohschein gegenüber, nicht mehr ins Café Victor und also auch nicht mehr zu Sobkowskis Kiosk. Zudem hatte mein Abschiedsbesuch bei Sobkowski gewiss Fragen hinterlassen, die ich nicht gewillt war zu beantworten.

Ich hatte am Tag meines Auszugs, als der letzte LKW mit meinen Sachen losgerollt war, noch eine Schachtel Zigaretten gekauft.

„Lieber Herr Sobkowski, nun ist es Zeit, Lebewohl zu sagen."

„Mensch, Hannes, du klingst ja, als müsstest du in den Krieg."

„Nein, das muss ich nicht, aber ich muss meine geliebte Heimat verlassen."

„Dein Vater meinte, du ziehst in die Gaillardstraße."

„Ja, genau!"

„Junge, das ist nur vier Straßen weiter."

„Für mich ist das sehr weit! Wie vertrieben werden."

„Mach mal halblang, Junge! Sei doch froh, hier was Bezahlbares gefunden zu haben."

„Verzeihen Sie, Herr Sobkowski, ich bin wirklich unglücklich und wollte, ich müsste Ihnen heute nicht Lebewohl sagen, aber ich kann nicht anders. Doch damit Sie mich nicht vergessen, will ich Ihnen heute etwas schenken. Bitte nehmen Sie. Diese Postkarte ist ein Original, eine Lithographie von 1891, hängen Sie sie also bitte nicht ins direkte Sonnenlicht. Erkennen Sie den Pankower Anger mit Blick von Osten? Und den schönen Zeitungskiosk am rechten Bildrand? Ja, das ist der Ihre und er stand schon 1891. Und es war irgendwie auch der meine, doch nun muss ich gehen. Leben Sie wohl, Herr Sobkowski!"

Ich drückte schnell seine Hand, drehte mich um und ging.

So hatte ich dieses Kapitel zugeschlagen und suchte nun nach einem ähnlichen Ort in ähnlich unmittelbarer Nähe. Mir war klar, einen zweiten Sobkowski würde ich wahrscheinlich auf der ganzen Welt nicht finden, geschweige denn einen halben Kilometer vom Original entfernt.

Dann traf ich Hupe Montagmorgen auf dem Weg zur Arbeit. Ich hatte das Paket unterm Arm, in dem die zu kleinen Stiefel steckten.

„Morjen, Herr Nachbar. Wie jehts, schon einjelebt?"

„Es geht so, danke. Mir fehlt zum Beispiel ein Tabak- und Zeitungsladen. Nicht so einer wie am Bahnhof oder wie eine Tankstelle, nein, so einer mit persönlicher Note."

„Ick dachte, du bist schon uffm Weg dahin."

„Wie kommst du darauf?"

„Wejen deinem Paket."

„Was ist damit? Das wollte ich zum Paketshop am S-Bahnhof bringen."

„Na, denn schlag doch glei zwee Fliejen mit eener Klappe. Jeh zu Holger, glei nächste Ecke. Da wirste dit Paket los und bekommst Tabak und nen Kurier oder so. Und der Laden hat ne sehr persönliche Note."

„Ach danke, da geh ich gleich vorbei. Und noch was: Was machst du am Samstag?"

„Keene Ahnung, nüscht besonderet."

„Dann komm doch hoch zu mir, zu meiner Einweihungsparty."

„Wie, ick dachte, du empfängst keenen Besuch und feierst erst recht keene Partys?"

„Jetzt doch. Eigentlich war das eine schöne Idee. Samstagabend?"

„Na jut, okay. Denn bis Samstach. Jeh ma zu Holger, dit wird dir jefallen."

Der besagte Laden war ein Eckgeschäft, dessen vermeintlicher Zweck sich durch einen Zeitungsständer vor der Tür und eine Hermes-Paket-Shop-Fahne hätte erschließen können. Im Grunde aber war er eher ein Sammelbecken für vier Ureinwohner dieses Viertels. Für vier Männer zwischen vierzig und sechzig, die an den Scheidewegen des Lebens das eine oder andere Mal falsch abgebogen waren. Sie saßen nebeneinander auf einer Kücheneckbank an einem Tisch mit einer daumennageltiefen Patina aus Nikotinresten und verschüttetem Goldbrand. Im Hintergrund des Ladens kochte eine alte Dame Kaffee, wischte ihre Hände ständig an einer Kittelschürze ab und moserte leise über den vollgequalmten Laden. Einer der vier Männer am Tisch schien hier die Rolle des Alleinunterhalters zu haben, in der er einen sich immer wiederholenden Witz zum Besten gab.

Als ich den Laden mit meinem Paket betrat, wurde er auf die Lederjacke aufmerksam, die ich trug.

„Ah, Fremder, gut, dass du kommst, David Hasselhoff hat gerade angerufen. Er will seine Jacke wiederhaben."

Kaum war der Satz gefallen, johlten zwei der anderen wie Halbstarke im Stimmbruch und brauchten geschlagene drei Minuten, bis sie wieder Luft zum Sprechen hatten. Diese nutzte der Vierte auch gleich und quäkte kopfschüttelnd über so viel Stumpfsinn den Satz: „Es singt für Sie ... das Niveau."

Meine Augen suchten nach jemandem, der mir das Paket abnahm. Dabei blieb ich an einem Spiegel hängen, auf dem der Name dieses Geschäfts stand: *Holgers Stöber-Shop*. Der Grund für diese Namensgebung erschloss sich mir nicht, denn außer drei Exemplaren der Berliner Boulevardpresse, die auf dem Tisch der Anwesenden lagen, sah ich nur etwa zehn Exemplare der Süddeutschen Zeitung, die wahrscheinlich ein paar mutige Neuberliner hier kauften. Und außer Zigaretten gab es hier nichts, worin man hätte stöbern können. Abgesehen von einer Ansammlung von Schokoriegeln, deren Verpackungen mit den Jahren bleich geworden waren, und zwei Diddl-Maus-Schlüsselanhängern, die inzwischen den gleichen Überzug wie der Tisch trugen.

Während sich die drei Komiker beruhigten, stapfte die ältere Dame aus dem dunklen Hintergrund des Ladens, nahm mir lächelnd meine Rücksendung ab und versuchte, den Barcode einzuscannen. In diesem Moment trat ein neuer Delinquent vor das Scharfgericht des einheimischen Humors. Ein junger Mann mit Vollbart, Hornbrille und hautengen Jeans, die er unten in seine knöchelhohen Turnschuhe gesteckt hatte. Er trat neben mich und bat die Dame um eine Süddeutsche.

Da meldete sich der Alleinunterhalter wieder: „Ah, junger Mann, gut, dass Sie kommen, Kate Moss hat gerade angerufen, sie will ihre Jeans wiederhaben.“

Wieder bogen sich die beiden anderen und trommelten mit den Fäusten auf den Tisch, dass die Schnapsgläser wackelten und wieder rief der Vierte kopfschüttelnd und noch entrüsteter sein: „Es singt für Sie ... das Niveau.“

Die alte Dame kämpfte immer noch mit dem Scanner und unterbrach kurz, um dem Neuankömmling eine Süddeutsche zu reichen. Er legte schnell fünf Euro auf den Zahlteller und ging eiliger als er eingetreten war.

„Es tut mir leid,“, sagte die Dame, „der Scanner will gerade nicht. Darf ich Ihnen einen Kaffee aufs Haus anbieten? Gleich müsste Kwaku kommen, der kann das wieder einstellen. Setzen Sie sich doch dazu.“

„Wann kommt denn dieser Kwaku?“

„Ach, jeden Augenblick. Ich hol Ihnen mal eine Tasse. Milch und Zucker?“

„Nur Milch. Danke.“

Als ich mich zum Tisch drehte, rückten die vier auf der Kücheneckbank wie Hühner auf der Stange in einer frostigen Nacht zusammen, um mir Platz zu machen.

„Willkommen“, sagte der Oberkomiker, „ich bin Tietz.“

„Ja, hallo, ich bin Hannes.“

„Ich hab dich hier noch nie gesehen. Wo wohnst du denn?“

„In der Gaillardstraße.“

„Wo?“

„In der Gaillardstraße.“

„Wo soll denn die sein?“

„Na gleich hier um die Ecke, nächste rechts. Gaillardstraße. Benannt nach dem Hugenotten Gaillard.“

„Ach, in der Geilhart wohnst du, sag das doch gleich.“

„Es singt für Sie ... das Niveau“, meldete sich der Vierte wieder.

„Nimm den mal nicht so ernst“, sagte Tietz. „Heiner ist ein Intellektueller, der kennt sich auch mit Hugenotten und so aus, ist aber immer depri. Liegt an seinem Leben. Heiner ist Liedermacher hier ausm Osten. Bis ’89 durfte keiner seine Lieder hören, nach ’89 wollte sie keiner mehr hören. Und dann hat er sich mit

Schnaps selbstständig gemacht. Kann man ihm eine kritische Weltsicht nicht verdenken."

Ich nickte verständnisvoll.

„Die anderen hier sind Falko." Falko reichte mir die Hand. „Und Holger, der Herr des Hauses. Und du wohnst also in der Geilhart. Da wohnt ein Kumpel von uns. Hupe heißt der."

„Ich weiß", sagte ich.

„Woher willst du das denn wissen?"

„Er ist mein Nachbar."

In diesem Moment betrat ein dunkelhäutiger Mann mit einem strahlend weißen Lachen den Laden. Das war das Signal für Tietz.

„Eh, schwarzer Mann, Roberto Blanco hat angerufen, er will sein Gebiss wiederhaben."

Mir blieb das Herz stehen, während Falko und Holger kaum noch konnten. Sie hämmerten auf den Tisch und japsten wie zwei Hundewelpen. Der Mann kam lachend zu unserem Tisch, Heiner rückte an Falko ran, um Platz auf der Kücheneckbank zu machen.

„Hallo Tietz, nicht schlecht", sagte der Neuankömmling. „Den hatten wir diesen Monat noch nicht. Im letzten dafür zwei Mal. Denk dir mal was Neues aus."

Alle lachten zurück und begrüßten ihn. Ich schien für ihn nicht zu den Kunden, sondern zum festen Kreis der Anwesenden zu gehören.

„Ah, ein neues Gesicht in der Runde, ich bin Kwaku. Fahrer bei Hermes. Und wer bist du?"

„Ich bin Hannes. Aus der Geilhartstraße."

„Geilhartstraße? Wo ist die denn?"

„Gleich hier, die Nächste rechts."

„Ach die Gaillardstraße. Klar, kenn ich, ist mein Liefergebiet. Und du bist neu hier?"

„Irgendwie schon."

Dann kam die alte Dame, stellte Kwaku und mir einen Kaffee und den anderen ein volles Schnapsglas hin.

„Mama!", sagte Holger zu ihr. „Bring mal Hannes auch ein Glas Schnaps. Der ist ein Kumpel von Hupe."

Ich wusste, mein Widerstand wäre zwecklos.

„Ach Kwaku!“, sagte Tietz. „Ich hab gute Neuigkeiten. Adolf lässt dich jetzt für immer in Ruhe.“

„Wer ist Adolf?“, fragte ich.

„Ach“, sagte Holger, „das ist ein Nazi, der hier im Haus wohnt und der Kwaku am Freitag als Affen beschimpft hat.“

„Und warum lässt er ihn jetzt in Ruhe?“

„Naja, ich habe ihn bei der GEZ angemeldet, ihn angezeigt, weil Thor, sein Pitbull, hier vor der Tür in die Rabatten geschissen hat und ich habe seinen BMW zum Preis von zwei Kisten Bier und unter Angabe seiner Handynummer bei der Zweiten Hand inseriert.“

„Das dürfte reichen“, sagte ich.

„Ja, sollte eigentlich, aber damit er weiß, aus welcher Ecke die Warnungen kommen, hat Falko ihm heute Nacht noch den Briefkasten zugeschweißt.“

„Prima!“, sagte ich und erhob mein Glas. „Auf Kwaku!“

„Auf Kwaku!“, sagten die anderen.

An diesem Tag kam ich zum ersten Mal in meinem Leben mit einer Schnapsfahne ins Büro. Es war nicht das Gleiche, wie bei Sobkowski Zigaretten zu kaufen, aber ich verspürte so etwas wie Zufriedenheit. Das konnte am Schnaps liegen oder daran, dass ich nun einen Ort für eine der täglichen Erledigungen gefunden hatte. Außerdem hatte mir Holger versprochen, ab morgen ein Exemplar vom Tagesspiegel zu bestellen. Es waren also eigentlich schon zwei Erledigungen geklärt.

Hupe und der Stilbruch

Während der Arbeit war ich in den nächsten Tagen gedanklich mehr bei der Einweihungsparty als bei meinen Aufgaben. Der Troll war nicht da und ich konnte mir in Ruhe überlegen, wie ich das Buffet zusammenstellte. Die Einkäufe plante ich erst für Freitag nach der Arbeit ein, da die zu kalkulierende Menge sich täglich änderte. Meine Einladung nahmen auch noch alle anderen, denen ich geschrieben hatte, an und drohten, noch weitere Gäste mitzubringen.

Am Mittwochabend saß ich auf dem Lesesofa und las Joël Dicker. Ab und zu sah ich länger aus dem Fenster und lauschte in die Wohnung hinein. Ich wartete auf ein Knarren der Dielen im Flur, auf die Stimmen meiner Eltern, auf ein Klopfen an der Tür. Nichts von dem würde aber kommen und mir wurde einsam zumute.

Ich beschloss, mir zum Trost einen kleinen Bierrausch zu verschaffen. Eine Straße weiter war ein Späti, wo ich Bier bekommen würde.

Im Hausflur traf ich auf Hupe.

„Nabend Hannes, jehste noch uff die Piste?"

„Nein, ich will noch schnell zum Späti."

„Dit trifft sich jut, da will ick ooch noch hin. Bei mir ist dit Bier alle, und wenn keener uff eenen wartet, kann sone Braun'sche Röhre schon ma helfen. Oda wir jehen zu Holger, der hat noch offen ..."

„Der hat noch offen? Seit heute früh?"

„Na nich offiziell. Aba der pennt ja ooch in dem Laden."

„Der wohnt da drin?"

„Meistens. Er hat ooch noch nen Zimma bei seener Mutter. Aba wo die beeden schon zusammenarbeiten, will er dann abends nen bisschen Abstand."

„Das geht bestimmt von der Mutter aus. Ich kenne das sehr gut. Aber lassen wir ihm mal seine Ruhe heute Abend."

„Wir können ooch zu Franky jehen. Der hat den Alten Krug im Paradies 1."

„Was ist denn das Paradies 1?"

„Na die Laubenkolonie inner Brehmestraße"

„Da gibt es eine Kneipe?"

„Ja, mit Stimmung. Franky ist im Nebenberuf DJ und heizt ooch im Alten Krug manchmal richtich ein."

„Ein andermal, ich bin heute nicht in Tanzstimmung."

„Na mach du nen Vorschlag."

„Die einzige Kneipe, in die ich ganz selten mal gehe, ist der Stilbruch."

„Beim alten Jymnasium?"

„Genau."

„Da war ick noch nie drin."

„Das hab ich vermutet. Da war ich als Schüler schon und da sitzen bis heute immer noch Leute aus meiner Klasse. Also Freunde von mir. Die gehen da seit über zwanzig Jahren jede Woche hin."

„Und wo is da jetz dit Problem?"

„Der Stilbruch ist eine Kneipe für Leute, die nicht loslassen können. Die sich noch nie gefragt haben, ob das jetzt alles gewesen ist im Leben."

„Aba dit is doch in Ordnung. Eine Kneipe kann wie ne Ehefrau sein. Du lässt ja ooch die Hand der Frau, die du liebst, nich einfach los und sagst: ‚Liebling, dit kann doch nich allet jewesn sein. Ick muss jetz ma loslassn.'"

„Es gibt Menschen, die tun so etwas. Glaub mir!"

„Na wennde meinst. Aba lass uns doch trotzdem mal hinjehn. Wir müssen ja nich lang bleiben."

„Gut. Versuchen wir es."

Obwohl ich schon als Schüler den Stilbruch nur gelegentlich betreten hatte und ich inzwischen nur noch fünf Mal im Jahr hier zu irgendeinem Geburtstagsumtrunk kam, war es ein wenig, wie nach Hause kommen. Und dafür war ich gerade durchaus empfänglich. Hinten links war der Tisch, den zwei meiner langjährigsten Freunde stets am gleichen Wochentag um die gleiche Uhrzeit besetzten. Hinter der Bar standen Ulla und Lula, Studentinnen, die zwar zwanzig Jahre jünger als ich waren, mir aber schon seit zehn Jahren das Bier verkauften.

Hupe stand an der Bar, blickte auf die Preistafel und bestellte zwei Berliner.

„Macht dreifünfzig", sagte Lula.

„Äh, 'tschuldigung, wieso dreifuffzich?"

„Na ein Berliner einssiebzig, zwei Berliner dreifünfzig."

„Ist dit zweete zehn Cent teurer als dit erste, oder wat?"

„Nee, die kosten beide das Gleiche, wieso?"

„Na wenn eens einssiebzig kostet, denn kosten zwee dreivierzig!"

„Stimmt, da hast du recht."

„Na ick hoffe, du machst dit hier nich hauptberuflich."

„Nein, ich studiere."

„Und wat studierste?"

„Mathe auf Lehramt."

„Mathelehrer?"

„Ja."

„Ach so, na jut, Hauptsache du kannst Cosinus und so. Kopfrechnen bringen schon die Eltern den Kindern bei."

Lula blickte zu mir und hob fragend die Augenbrauen.

„Hallo Lula, das ist Hupe, mein Nachbar."

„Hast ja einen ganz schlauen Nachbarn."

„Ja, ich weiß."

Dann zog ich Hupe von der Bar weg in Richtung des Stammtisches.

„Mensch Hannes, die Lula ist ja voll süß. Meenste, der könnt ick ma nen Kaffe ausjeben?"

„Hupe, ich glaube, da würde dir ihr Freund was flüstern."

„Ach so, vastehe."

„Hupe, wir sind hier in Alt-Pankow. Das heißt in höchst inzestuösen Gefilden. In diesem Raum ist niemand, der nicht mit mindestens zwei weiteren anwesenden Personen irgendwann mal was hatte."

„Also ick bin ooch Alt-Pankower und hatte noch mit keener anwesenden Person wat."

„Komm, ich stell dich mal den Jungs vor."

Wir setzten uns an den Tisch und ich überlegte kurz, ob ich die beiden Hupe vorstellen sollte. Aber das war schwierig, denn die Anwesenden sprachen sich nur mit ihren Spitznamen an. Nur mich nannten sie bei meinem Vornamen. Für einen Spitznamen hatte es bei mir nicht gereicht. Zum einen saß hier Herr Müller, der mit Vornamen Georg hieß, den wir aber seit zwanzig Jahren gegen seinen Willen mit seinem Nachnamen anredeten. Müller war die personifizierte Freundlichkeit. Er war der freundlichste aller Freunde, herzlich und mit der Welt im Reinen. Wenn er einen Schwips hatte, betonte er jeden Abend voller Inbrunst, wie schön es sei, sich wiederzusehen. Wenn er schon mehr Schlagseite hatte, umarmte er jeden und alles, auch Bäume. Erstaunlich für einen Informatiker. Zum anderen saß auch noch Max am Tisch, den wir aber Litfaßsäule nannten, weil er jede noch so intime Information aus dem Freundeskreis innerhalb eines Tages allen öffentlich machte. Das Internetzeitalter hatte im Laufe der Jahre aus einem Tag eher eine Stunde gemacht.

Also sagte ich nur „Das ist Hupe“ und Müller und Litfaßsäule prosteten ihm zu. Nachdem sich das große Erstaunen, das mein seltenes Auftauchen immer mit sich brachte, gelegt hatte, rollte eine Welle von noch größerem Erstaunen hinterher. Beide hatten meine Einladung bekommen und bedrängten mich mit Fragen, warum ich ausgezogen sei.

Mit großer Härte sagte ich: „Meine Eltern haben mich rausgeschmissen!“ Meine Antwort hinterließ eine peinliche Stille, und ich ging noch mal zur Bar, um eine Runde Bier für die anderen beiden zu holen. Hupe blieb sitzen. Als ich zurückkehrte, war das Gespräch wieder in Gang gekommen. Hupe erzählte, woher wir uns kannten und seit wann er in unserem Haus wohnte. Die beiden erzählten ihm, woher sie mich kannten und so plätscherte der Abend dahin ... Bis Litfaßsäule mir eine Mitteilung machte.

„Hannes, ich hab eigentlich versprochen, nichts zu verraten, aber dir kann ich's ja sagen ...“

„Mir hast du es doch auch schon erzählt“, meldete sich Müller.

„Du weißt doch gar nicht, was ich ihm erzählen will.“

„Na bestimmt doch das mit Verena.“

„Müller, ich hab dir gesagt, du sollst mit niemandem darüber reden."

„Mach ich doch gar nicht, du redest doch schon wieder davon."

„Ich kann doch wohl Hannes mal ins Vertrauen ziehen, der hält wenigstens den Mund."

„Ich doch auch, ich wollte ihm gar nichts weitersagen."

„Müller, ich warne dich, sei jetzt still."

„Jetzt lass doch Hannes erst mal ankommen, der war seit einem Jahr nicht hier." Dann blickte Müller kurz in die Runde und sagte: „Ach Jungs, ist das schön!"

„Hannes, jetzt aber!", kam Max zurück zum Ausgangspunkt. „Das muss unter uns bleiben. Ich hab versprochen, keiner Menschenseele was zu verraten", sagte er.

„Verena ist schwanger, aber nicht von Jörg", sagte ich.

„Wie, du weißt das schon?"

„Nein, ich hab einfach geraten. Bei dem Wind, den du machst, konnte es nur das sein."

„Aber das hast du nicht von mir, klar?"

„Natürlich nicht, ich hab's doch selbst erraten."

„Stimmt! Genau! Siehst du, ich war's gar nicht. Ich bin kein Klatschmaul. Eh, Müller, hast du das gerade mitbekommen, ja, hast du das mitbekommen? Ich war's nicht, also erzähl nicht, ich bin ein Klatschmaul."

„Na klar bist du eins! Mir hast du es doch auch erzählt und ich hab's nicht selbst erraten."

„Das war ja wohl was ganz anderes."

Irgendwann wurde über alte Zeiten geredet. Anscheinend war das immer noch ein Bestandteil des allwöchentlichen Programms. Als die Rückschau ihr Licht auf die Lehrer der elften Klasse warf, lag der Abend in seinen letzten Zügen. Vor der Tür rauchten wir eine Abschiedszigarette, Müller umarmte die Linde vorm Haus und dann ging jeder in seine Richtung. Hupe und ich hatten die gleiche. Wir verabschiedeten uns vor seiner Tür im Erdgeschoss.

„Sehr nette Leute, deene Kumpels!", sagte Hupe. „Sehr nette Leute. Warum sollen die loslassen? Wenn dit jetz allet jewesen is im Lebn – zu wenich is dit nich."

Die Lücke im Bücherregal

Die übrigen Abende meiner ersten Woche in der neuen Wohnung verbrachte ich auf dem Lesesofa und las Joël Dückers Roman zu Ende. Hupe klingelte einmal bei mir und fragte nach meinen leeren Umzugskisten.

„Falls du die nich mehr haben willst, ick hab zwee Aufträge nächste Woche. Da könnte ick die jut jebrauchen. Ick koof die dir ooch ab."

„Du hast zwei Aufträge, für die du zweihundert Bücherkisten brauchst?"

„Ja, da sind zwee alte Damen vastorben und ick löse die Haushalte uff. Dit meiste kommt imma uffn Müll, aba die juten Sachen verkoof ick uffm Flohmarkt und die richtich wertvollen Sachen an Antiquitätenjeschäfte."

„Die Kartons kannst du alle gern haben. Ich bin froh, wenn die weg sind und bei der Party am Samstag nicht rumliegen. Sollen wir die gleich zu dir runterbringen?"

„Nee, nich jetz, ick muss zu Franky, der macht Halloweenparty im Alten Krug. Biste morjen Abend da?"

„Ja, aber da kann ich dir nicht tragen helfen. Ich muss für die Party kochen."

„Da jibt dit wat zu essn? Sehr jut. Wie viele Leute kommen denn?"

„Stand heute zweiundsechzig. Aber das ändert sich täglich."

„Erst keenen Besuch und denn glei zweiundsechzig Leute. Kommen deene Eltern ooch oder biste noch saua uff die? Ick hab mitjehört im Stilbruch, dass se dich rausjeschmissen haben. Jeht mich ja eigentlich nüscht an."

„Nein. Die kommen nicht. Ich glaube, die brauchen gerade etwas Abstand."

„Vastehe. Na denn, bis morjen Abend. Ick bekomm die Kisten ooch alleene runta. Mach dir ma keen Kopp und koch uns wat Schönet."

Am Freitagmorgen schloss ich die Gästeliste. Achtundsechzig Personen hatten sich angemeldet und ich ging davon aus, dass alle ihre Zusage einhalten würden. Nun konnte ich mich auch für die Speisen auf dem Buffet entscheiden und ging nach Feierabend einkaufen. Während Hupe die Umzugskisten nach unten schleppte, bereitete ich Tagliatelle-Salat mit Bärlauch-Pesto, armenischen Kartoffelauflauf, provenzalischen Brotsalat, Fenchelgratin und vier Quiche Lorraine zu. Als Nachspeise würde ich kurz vor der Party noch eine Mousse au Chocolat zubereiten. Meine Eltern hatten sie geliebt.

Sie waren bisher die Einzigen, für die ich je gekocht hatte. Und ich hatte noch nichts von ihnen gehört. Sie waren einen Monat vor mir ausgezogen und ich war nur einmal in ihrem neuen Haus gewesen. Ihres war das letzte Haus im Dorf. Es lag unglaublich schön neben dem Wald und man schaute aus dem Wohnzimmer auf die Felder, auf denen sich gerade die Kraniche für die Reise nach Süden sammelten. Ich konnte nicht lange bleiben. Nicht übernachten. Ich konnte es nicht aushalten, die Standuhr aus unserem Flur in einem anderen Flur zu sehen. Ich konnte den Sekretär meines Vaters in einem neuen Raum nicht ertragen. Nicht den Schachtisch meiner Mutter in ihrem Arbeitszimmer, nicht den Flügel im Foyer. Obwohl ich übernachten wollte, war ich in meinen alten Saab gestiegen und in unsere alte Wohnung zurückgefahren. Sie war leer bis auf die Bibliothek und die Möbel in meinem Zimmer. Da hockte ich dann auf dem Lesesofa, am letzten vertrauten Ort und zählte die Tage, bis auch wir, die Bibliothek und ich, umziehen würden. Dieser Umzug war noch keine Woche her, doch es kam mir vor, als seien bereits Monate vergangen. Monate, in denen ich auch meine Eltern nicht gesprochen hatte.

Als alles fertiggekocht im Kühlschrank und auf dem Balkon stand, rief ich bei ihnen an. Meine Mutter ging ans Telefon.

„Mama, ich bin's."

„Hannes, ist das schön, dich zu hören. Wir denken die ganze Zeit an dich. Wie geht's dir?"

„Es geht.“
„Was machst du gerade?“
„Ich räume die Küche auf, die ist ein Schlachtfeld.“
„Warum das?“
„Ich hab gekocht.“
„Und hat's dir auch ohne uns geschmeckt?“
„Ich hab noch nicht gegessen.“
„Wird das nicht kalt?“
„Nein, das ist alles für morgen.“
„Für morgen?“
„Ja, ich bekomme Besuch.“
„Wer kommt denn zu dir?“
„Achtundsechzig Leute.“
„Achtundsechzig Leute?“
„Vielleicht sagen ja noch ein paar ab.“
„Schon eine Person hätte mich überrascht.“
„Ich weiß, aber es werden achtundsechzig kommen. Es wird eine Einweihungsparty.“
„Du hörst mich staunen!“
„Ja, das höre ich. Ich wollte aber eigentlich was anderes sagen.“
„Was denn?“
„Ich glaube, ich werde so bald nicht zu euch kommen. Es fällt mir zu schwer, euch in eurem neuen Zuhause zu sehen.“
„Ich weiß, mein Sohn, ich weiß. Lass dir Zeit.“
„Das mache ich.“
„Ich wünsche dir viel Spaß morgen Abend.“
„Das wünsche ich mir auch.“
„Sei wie du bist, dann wird das ein schöner Abend. Gute Nacht.“
„Ja. Gute Nacht!“

Dann war es so weit. Ich hatte die Mousse au Chocolat fertig und hoffte, sie würde nicht zusammenfallen, bis den ersten Gästen nach Süßspeise war. Das Buffet stand in der Küche, überall waren Kerzen und ich hatte den halben Vormittag Getränke in die Wohnung geschleppt. Es gab nur ein Problem: In all dem Trubel der ersten Woche hatte ich die letzten Worte der Möbelpacker vergessen. Sie sagten mir im Gehen, dass der Dichtungsring der Spülmaschine fehle und sie diese nicht anschließen könnten. Ich hörte mich noch sagen ‚Das bekomme ich alleine hin!' und damit war die Sache erledigt. Bis gestern Abend, als ich zum ersten Mal die Küche aufräumte und es mir wieder einfiel. Ich hatte keine funktionierende Spülmaschine.

Also hatte ich Pappteller gekauft. Für meine erste eigene Party. Spitzenküche, teurer Wein, Kerzen, außerdem noch dreißig neue Weingläser. Und dazu Pappteller. Ich saß auf dem Lesesofa und wartete aufs Klingeln.

Die Ersten, die kamen, waren Laurenz und seine Frau, dann kamen Friedemann und sein Lebensgefährte Paul. Schon da verlor ich den Überblick. Während ich die einen Gäste begrüßte, klingelten die nächsten. Meine Bibliothek und die Küche waren in kürzester Zeit voller Menschen. Müller war bereits erschienen und auch die Stimme von Litfaßsäule ertönte ereignisschwanger in irgendeiner Ecke der Wohnung. Ich war dauernd damit beschäftigt, die Garderobe meiner Gäste und ihre Einweihungsgeschenke ins Schlafzimmer zu tragen. Auf meiner Kommode lagen nach einer Stunde zwölf Bücher, von denen ich acht bereits gelesen hatte und neun bereits besaß. Daneben standen zehn Flaschen Wein.

Niemand war je zuvor bei mir zu Hause gewesen, aber keiner fragte mich nach den Gründen, warum ich nun nach fünfunddreißig Jahren plötzlich eine eigene Wohnung hatte. Da wusste ich, auf Litfaßsäule konnte man sich einfach verlassen. Wahrscheinlich wussten alle bereits Bescheid, bevor ich am Mittwoch den Stilbruch verlassen hatte.

Nach einer Stunde war die Begrüßungsarie vorbei. Die meisten Gäste waren da und die fehlenden kamen so vereinzelt an, dass ich Luft hatte, mit Philip, dem Literaturprofessor, und mit Gabriela und ihrer bildschönen Begleitung ein erstes Gespräch zu führen. Ich ging mit den dreien in die Bibliothek. Philip hatte mit Vielem gerechnet, aber nicht mit einer solchen Menge an Büchern. Und keiner meiner Gäste hatte offenbar ein solches Buffet erwartet. Oder sie waren, weil sie zum ersten Mal zu mir eingeladen waren, unsicher, ob ich gewisse Gepflogenheiten von ihnen erwartete. Jedenfalls stand das Buffet noch unberührt in der Küche, so dass alle eine Rede mit Buffeteröffnung erwarteten. Ich stand in der Bibliothek und dankte gerade allen für ihr Kommen. Da unterbrach ein Klingeln meine Ansprache. Philip öffnete die Tür und ließ Hupe herein. Den hatte ich völlig vergessen, doch wusste ich mir zu helfen.

„Liebe Freunde, nun sind wir vollzählig und können das Buffet eröffnen. Ihr findet alles in der Küche."

„Auch Teller?", warf Philip spitzfindig ein.

„Lieber Philip, leider ist meine Küche nicht so gutsortiert wie mein Bücherregal. Insofern musst du hungern oder von einem Pappteller essen. Aber wer sich daran nicht stört, der darf jetzt zugreifen. Guten Appetit!"

Der Erste, der dieser Aufforderung nachkam, war Hupe. Er winkte kurz zu mir herüber und verschwand in der Küche. Hatte ich mir in der letzten Woche vor der Einweihungsparty noch Sorgen gemacht, dass Hupe sich unter den anderen Gästen langweilen würde, war ich schnell überzeugt, dass er, solange etwas auf dem Buffet stand, keine Langeweile verspüren würde. Die übrigen Gäste nahmen das Essen in gesitteten Dosen zu sich und kommentierten jede Speise.

Der spürbare Aufwand, den ich betrieben hatte, bekam seine Belohnung in ausschweifenden Worten. Man lobte sogar die Mousse au Chocolat, obwohl sie so zusammengefallen war, dass keiner mehr davon aß. Dagegen war Hupes Haltung absolut ehrlich. Er äußerte nicht, ob es ihm oder was ihm besonders schmeckte. Er griff einfach zu und störte sich nicht an den Papptellern. Für andere Gäste war es auch bald nicht mehr nötig, einen Teller zu nehmen. Es war alles weg. Wie die Raupe des Bärenspinners machte Hupe das komplette Angebot nieder, ohne zwischen den Gerichten, ohne zwischen herzhaft und Nachspeise zu unterscheiden.

Dann wurde er eins mit dem Lesesofa. Die reichhaltige Kost hatte ihn müde gemacht und er schlief noch im Hinsetzen ein. Er schlief einen Schlaf der Gerechten, bei dem er zum Gotterbarmen schnarchte. Als er nach zwei Stunden erwachte, stand ich mit dem Rest der verbliebenen Gäste ganz in seiner Nähe bei der Lyrik-Abteilung.

Phillip hatte nach langem Suchen endlich eine Lücke gefunden. Er erhob die Stimme und äffte mich sehr gekonnt nach.

„Die Lyrik", sagte Philip, „fast alles da. Rilke, Benn, Yeats, Szymborska, Kästner, Trakl, alle da. Aber wo ist Paul Celan? Kein Paul Celan weit und breit. Eine Wohnung ohne Paul Celan ist keine Wohnung."

Da wachte Hupe auf und ging nach Hause ins Erdgeschoss. Ich war sicher, er war eigentlich gar nicht wach. Doch er war wach in diesem Moment, hellwach. Denn am nächsten Abend lag ein Geschenk vor meiner Tür.

Ein schwerer Karton: Vorsicht zerbrechlich! Darin war ein sechsteiliges Frühstücksservice von Rosenthal. Ich ging hinunter ins Erdgeschoss, klingelte bei Hupe, bedankte mich direkt an der offenen Wohnungstür und fragte ihn, warum er mir ausgerechnet neues Geschirr geschenkt hatte.

„Weeßte Hannes, mir machen Pappteller nüscht aus, aber eigentlich hat der Philip recht. Eene Wohnung ohne Porzellan ist keene richtige Wohnung!"

Eine Fliege hat auch ein Recht zu leben

Eine Woche später war ich zum ersten Mal in Hupes Wohnung. Es war Freitagnachmittag und ich wollte mich eigentlich den Büchern widmen, die ich zu meiner Einweihungsfeier bekommen hatte. Es waren am Ende fünf dabei, die ich noch nicht kannte. Aber Hupe fing mich am Briefkasten ab, an dem er mich durch den Spion beobachtet hatte.

„Ick hab da ma ne Frage. Willste nen Kaffe dazu trinkn?"

Ich betrat Hupes Flur und sah meine Bücherkisten wieder. Sie standen offen rum und waren halbgefüllt mit Vasen, Tischleuchten, alten Türklinken und Schmuck. Rechts war das Wohnzimmer, in dem eine Schrankwand die komplette linke Wand bedeckte. Auf einem Vorsprung dieses Möbelstücks stand ein Flachbildschirm in einer Größe, wie ich sie noch nie gesehen hatte. Gegenüber stand ein blaues, nierenförmiges Riesensofa, auf dem Bettzeug lag. Der Rest des Raumes war gefüllt mit weiteren kleinen Möbeln voll von Dingen, die im Vorbeigehen nicht näher zu identifizieren waren.

Hupe lüftete gerade durch, denn es war Anfang November noch so warm, als würde es Frühling. Linker Hand lagen Küche und Bad. Am Ende des Flurs war noch ein Raum, der geschlossen war. Wir setzten uns in die Küche. Ein kleiner Raum mit Spüle, Kühlschrank und einem Tresen, den man von der Wand herunterklappen konnte. Am Fenster versuchte eine dicke Fliege hinauszukommen.

„Kiek ma!", sagte Hupe. „Dit is so warm, dass sojar die Fliejen uffwachen. Anfang November!"

Als sie sich setzte und das Brummen aufhörte, stellte Hupe seine Frage.

„Haste von deim Umzug schon allet ausjepackt?"

„Wie meinst du das?"

„Na ob noch irjendwat verpackt in deena Wohnung steht."

„Nein, da steht nichts mehr. Warum willst du das wissen?"

„Weil dit heißt, dass in deim Keller noch Platz is. Da steht nur een Rennrad."

„Woher weißt du, welcher mein Keller ist?"

„Weil ick jesehn habe, wie du dit Rennrad beim Einzuch runter jetragen hast."

„Aha, und warum willst du das wissen?"

„Weil ick dir nen Anjebot machen will."

„Was denn für ein Angebot?"

„Du jibst mir deinen Keller."

„Ich gebe dir meinen Keller, okay, aber wo ist da das Angebot?"

„Ick war ja noch nich fertich. Lass mich ma ausreden."

„Gut, ich gebe dir meinen Keller. Und was gibst du mir dafür?"

„Jeld."

„Geld? Und wie viel Geld willst du mir für meinen Keller geben?"

„Fuffzig Euronen im Monat. Muss aber bar loofen."

„Fünfzig Euro im Monat?"

„Und vierhundert für dit Rennrad?"

„Das hat mal eins fünf gekostet!"

„Steht aba nur rum, dit teure Ding."

„Naja, so stimmt das nun auch nicht ganz. Früher bin ich damit zehn Kilometer zur Arbeit und zurückgefahren."

„Früha, und jetz?"

„Fünfhundert Euro. Minimum."

„Jut. Vierhundertfuffzich."

Da begann die Fliege wieder zu summen. Hupe drehte sich langsam zum Fenster, stand auf und näherte sich dem Insekt. Ich war sicher, dass das Tier gerade seine letzten Sekunden erlebte. Aber Hupe hob seine riesigen Hände, formte aus beiden eine Muschel und legte sie fast zärtlich über die Fliege auf die Fensterscheibe. Dann schloss er die Hände, bat mich, das Fenster zu öffnen, und entließ die Fliege lebendig ins Freie. „Hat ooch nen Recht zu lebn! Vielleicht findet se ja ne warme Ecke, bevor it kalt wird." Nachdem das Fenster zu war, waren wir wieder beim Rennrad.

„Also, ick jeb dir vierhundertfuffzich für dit Rad."

„Okay, vierhundertfünfzig. Aber für den Keller will ich kein Geld."

„Jut, aber denn zahl ick dir den Keller in Naturaljen."
„In Naturalien? Was meinst du damit?"
„Biokiste. Du kochst doch bestimmt jern."
„Aber nicht für mich allein."
„Wer weeß, wennde erstma die Biokiste hast. Ick freu mir imma üba ne Einladung zum Essen."
„Was ist denn das für eine Biokiste?"
„Meen Bruder hat 'nen Biohof inna Uckermark und ick fahr in Berlin seine Biokisten aus."
„Das klingt gut. Ich bin ich einverstanden. Also eine Biokiste pro Monat."
„Nee, pro Woche."
„Ist aber günstig die Biokiste."
„Is ja ooch een jünstiger Kella."
„Wofür brauchst du den denn eigentlich?"
„Für die Arbeit."
„Ich hoffe nicht zum Einlagern von Biogemüse. Das sollte frisch sein, gerade wenn es jede Woche kommt."
„Nee, für meene Entrümpelungen. Du siehst doch, wie et in meenem Flur aussieht. Ick brooch Lajerfläche."
In diesem Moment ertönte Musik. Also zumindest, wenn man es Musik nennen wollte. In blechernem Ton ertönte eine gutgelaunte Stimme aus Hupes Tasche. Sie sang ein Lied, mit folgendem Text: „Sie hatte ganz, ganz, dicke, dicke Titten, dicke Titten, die doll wippen, ich stell mir vor, ich fahre Schlitten, auf ihren dicken Titten."
Hupe griff in seine Hosentasche, zog sein Handy hervor, nahm den Anruf an, hörte kurz zu und sagte: „Jut, ick bin quasi schon untawegs." Dann sah er mich wieder an und bemerkte, dass sich meine Gesichtszüge etwas verändert hatten.
„Is wat?"
„Nein, eigentlich nicht, aber war das dein Klingelton gerade?"
„Ja, wieso?"
„Ach nur so, ungewöhnlich."
„Hat mir Franky ruffjepackt. Der is im Sommer imma als DJ auf Mallorza und bringt sone Sachen mit. Der Song is von den

bösen Buben."

„Ach so, die, alles klar. Na dann. Ich geh mal wieder hoch."

„Moment!", sagte Hupe und holte aus seiner anderen Hosentasche ein Bündel Geldscheine, legte es auf den Tisch und zupfte vierhundertfünfzig Euro in Fünfzigern heraus. „Hier, für dit Rennrad. Die erste Biokiste bring ick dir morjen, haste Glück, glei morjen is erste Lieferung. Dit war meen Bruda grade am Telefon, ick muss los und die Ware holen. Jib mir mal deene Handynumma. Dann ruf ick an, fallsde ausnahmsweise ma nich zu Hause bist."

Als ich kurz darauf auf dem Lesesofa saß, begann ich, mich auf die Biokiste zu freuen. Sie konnte mir morgen Abend große Dienste erweisen. Denn die schöne Kollegin, die Gabriela zu meiner Party mitgebracht hatte, hieß Franziska und war fast bis zum Schluss geblieben. Wir hatten nach Hupes Abgang lange über Murakamis Bücher gesprochen. Und über die von Franzen und Eugenides. Wir sprachen über Straßennamen. Ich hier in der Gaillardstraße, sie im Wedding in der Malplaquetstraße. Wir stellten fest, dass beide Namen unaussprechliche Franzismen für einen Berliner Taxifahrer waren.

Auf der Party eines anderen wäre ich früher irgendwann mit zu ihr gegangen. Aber es war meine eigene Feier und ich hatte Gäste, die noch länger bleiben wollten. Allen voran Philip, der in orgiastischer Laune die Bibliothek begutachtete und mich zum Abschied um einen Bibliotheksausweis bat. Bevor Franziska gemeinsam mit den letzten Gästen ging, verabredeten wir uns für den nächsten Samstag. Sie wollte zu mir kommen. Ich versuchte, das abzuwenden, da ich mit Frauenbesuchen zu Hause keine Erfahrung oder höchstens katastrophale hatte. Aber sie meinte, wir könnten doch nirgendwo so gut über Literatur sprechen wie in dieser Bibliothek. Und da hatte sie absolut recht. Also willigte ich ein und versprach, etwas zu kochen. Sie war einverstanden, bestand aber darauf, mir dabei zu helfen.

„Einkaufen kannst du aber alleine. Gemüse esse ich gern."

Ich hatte also einen Keller, den ich nicht brauchte, gegen etwas getauscht, das ich morgen sehr gut gebrauchen konnte.

Am Samstag wurde ich sehr früh wach und überlegte, wie lange ich auf Hupes Biokiste warten müsste. Vielleicht sollte ich zur Sicherheit doch in den Biomarkt gehen. Dann wäre ich auf der sicheren Seite. Als ich mich um zehn gerade entschieden hatte, einkaufen zu gehen, klingelte es an der Tür. Ich öffnete und Hupe trug eine Kiste hinein. Sie enthielt Kartoffeln, Grünkohl, Petersilienwurzeln und Pastinaken.

„Wo soll'n dit jute Stück hin und kann ick ma auf dein Klo? Ick will nich extra bei mir unten rin. Ick muss noch sechzich Kisten im Prenzlauer Berg ausliefern."

„In die Küche bitte. Wo das Klo ist, weißt du ja noch."

Hupe stellte die Kiste auf den Küchentisch, ging pinkeln und verschwand gleich wieder. Ich überlegte kurz, ob ich das Gemüse auspacken und einräumen sollte, dachte aber an heute Abend. An Franziska und daran, wie wir gemeinsam das noch erdige Gemüse aus der Kiste nehmen und auswählen würden, als wären wir gemeinsam im Urlaub auf einem Wochenmarkt in der Provence. Aber es würde noch bis acht dauern, bis sie erschien.

Der Tag verging schleppend. Ich trank viel zu viel Espresso und las Zeitung, ohne den Sinn des Gelesenen zu erfassen. Dann versuchte ich, eine Fliege zu erschlagen, die ebenfalls wegen der warmen Witterung in meiner Wohnung aufgewacht war. Sie war aber zu schnell für mich. Plötzlich klingelte mein Telefon, was eine Überraschung war, da es nicht sehr oft vorkam. Gabriela fragte mich unverblümt, wie es mir nach meiner ersten Einweihungsfeier ginge und was ich heute Abend mache. Sie wusste offenbar, dass ich Franziska erwartete, und kannte meine amourösen Ambitionen.

Ich versuchte, ihr meine guten Absichten zu erklären und sagte, ich müsse jetzt mal Schluss machen. Im Grunde aber war ich für jeden Anruf dankbar, wurde die Wartezeit bis um acht dadurch doch kürzer. Um drei rief Konrad an, der zwar zu meiner Feier kommen wollte, aber in dieser Nacht sein drittes Kind bekommen hatte. Mir war völlig entgangen, dass tatsächlich ein Gast nicht erschienen war. Das Kind war ein Mädchen und sie hatten es Victoria Annemarie Rosa genannt.

Die Party war eine Woche her und plötzlich riefen die Leute bei mir an. Einfach mal so. Um zu hören, wie es mir ging. Ich hatte ja keine Ahnung, wer alles meine Handynummer besaß. Zwischen den Anrufen jagte ich die Fliege. Um fünf meldete sich Philip bei mir. Er wollte noch mal auf seinen Bibliotheksausweis zu sprechen kommen. Ich versprach ihm einen als Geschenk zu seiner Habilitation. Mein Telefon hörte nicht auf zu klingeln. Um halb acht rief mich Hupe an und fragte, ob er sein Handy bei mir vergessen habe.

„Vielleicht rufst du mich gerade damit an?"

„Nee, ick rufe vom Festnetz an. Ick gloobe dit liegt uff deim Klo. Als ick vorhin Pinkeln war, hab ick dit wohl vajessen. Kann ick ma kurz hochkommen und kieken?"

„Nein, entschuldige, aber ich bekomme gleich Besuch."

„Na jut, vielleicht liegt's ja ooch im Transporter. Schön Abend."

In einer halben Stunde würde Franziska kommen. Ich stellte die Kerzenleuchter um, sah nach, ob der Riesling kalt genug war, und wollte noch das Gemüse innerhalb der Biokiste schön drapieren, da fand ich Hupes Handy. Es lag zwischen zwei Pastinaken in der Biokiste. Gerade wollte ich es ihm runterbringen, als es unten an der Haustür klingelte. Franziska! Sie kam sogar etwas zu früh. Ich steckte Hupes Handy schnell neben meins in die Hosentasche, drückte auf den Summer und wartete im Treppenhaus auf sie.

Sie kam die Treppe hinauf und stand vor mir. Ihr braunes Haar fiel ihr leicht ins Gesicht und leuchtete im kalten Treppenhauslicht wie Waldhonig. „Guten Abend! Schön, dass du da bist. Komm doch rein", sagte ich.

„Gern. Beim letzten Mal wollte ich gar nicht mehr raus."

„Ach so, warum denn?"

„Ich hab mir gewünscht, dass die andern Gäste vor mir gehen und wir noch Zeit haben. Es war so schön den ganzen Abend."

„Das stimmt!", sagte ich und schob sie mit kaum merklichem Druck meiner Hand zwischen den Schulterblättern in Richtung Lesesofa. Ich fragte, ob Sie Hunger hätte.

Sie befeuchtete sich vor ihrer Antwort die Lippen und sagte: „Ja, sehr." Dabei hielt sie ihre Augen auf meine geheftet. „Aber kochen", sagte sie, „kochen können wir später." Als ich mit meinem Gesicht zehn Zentimeter vor ihrem war und ihr sanft eine Strähne aus dem Gesicht hinter das Ohr strich, dachte ich, ich sei in einem kitschigen, aber perfekten Roman. Utta Danella oder so. Aber da klingelte etwas in meiner Hosentasche. „Sie hatte ganz, ganz, dicke, dicke Titten, dicke Titten, die doll wippen, ich stell mir vor, ich fahre Schlitten, auf ihren dicken Titten."

Franziskas Gesicht wurde plötzlich ganz leer und sie hob die linke Augenbraue.

Ich griff in die Tasche und ging ran. „Hallo?"

„Hannes? Jott sei Dank, dit Ding liegt ja doch bei dir. Ick such dit schon die janze Zeit in meener Wohnung und hab mir jetz ma selbst anjerufen, wieda vom Festnetz, vastehste, damit icks klingeln höre. Stör ick grade oder kann icks kurz abholen?"

„Du störst!" Dann legte ich auf. In Franziska Gesicht lag schon totales Unverständnis, bevor ich mit meiner Erklärung anfangen konnte. „Äh, das ist jetzt echt blöd, versteh' das nicht falsch, ich steh nicht auf so was."

„Du stehst nicht auf dicke Titten?"

„Nein. Oder doch. Ich meinte, ich stehe nicht auf solche Musik. Das ist gar nicht mein Handy."

„Ach so, das Handy in deiner Hosentasche ist gar nicht dein Handy?"

„Nein, das gehört Hupe. Meinem Nachbarn. Der auf dem Lesesofa geschlafen hat. Bei der Party. Hier, das hier ist mein Handy", sagte ich und holte meins aus der gleichen Tasche.

„Aha, na gut. Dann lass uns jetzt doch erst mal kochen."

Als wir auf dem Weg in die Küche waren, begann das unsägliche Ding schon wieder zu klingeln. Ich nahm noch vor Ende der ersten Zeile ab und brüllte ein wütendes „Was gibt's noch, Hupe?" hinein.

„Oh, ist das nicht die Nummer von Herrn Kleinschmidt? Mein Name ist Simon Gruber aus der Kollwitzstraße 36. Ich wollte nur meine Bestellung aufgeben."

„Heute Abend?"

„Ja, das mache ich immer sonnabends zwischen sieben und

neun. Da nimmt Herr Kleinschmidt immer alle Bestellungen an."

„Das heißt, hier rufen gleich noch mehr von Ihrer Sorte an?"

„Ich denke schon, ich bin ja nicht der Einzige, der von ihm seine Biokiste bekommt. Die Riemenschneiders zum Beispiel, von denen weiß ich, dass sie –"

„Ist ja schon gut, Herr Kleinschmidt ruft gleich zurück." Dann legte ich auf.

„Franziska, es tut mir leid, ich muss das Ding kurz zu Hupe runterbringen. Sonst hören wir den ganzen Abend diesen Song."

„Ja, ist gut. Ich fang mal an, Kartoffeln zu schälen."

Ich klingelte bei Hupe und reichte ihm wortlos sein Telefon.

„Alles klar bei dir?", fragte Hupe.

„Nein, oder eigentlich doch, aber ich hab Besuch."

„Schon wieda? Ick dachte, du bekommst nich so oft Besuch."

„Hupe, lass gut sein, ich muss hoch."

„Ach, Damenbesuch, vastehe."

„Und wenn schon, das geht dich nichts an."

Als ich wieder hochkam, hatte Franziska gerade den Kartoffelschäler gefunden.

„So, jetzt haben wir Ruhe!", sagte ich. „Wo waren wir stehengeblieben?"

„Wir wollten kochen."

„Ach so. Na gut."

Wir bereiteten ein Kartoffelgratin und ein winterliches Ratatouille zu, aber die Romantik der ersten Augenblicke hatte es nicht ins Essen geschafft: Es war zu wenig Salz drin und es hatte keine Farbe mehr.

Wir unterhielten uns die ganze Zeit sehr angeregt. Über Franziskas Stelle an der Uni, wo sie Erziehungswissenschaften unterrichtete. Über Weine und Musik. So wie sich erwachsene, interessierte Menschen unterhalten.

Aber selbst, als wir zusammen auf dem Sofa saßen, verirrte sich meine Hand nicht noch einmal in ihr Haar. Schon beim Essen war die Fliege wieder aufgetaucht und hatte sich abwechselnd auf unsere Teller gesetzt. Als wir nun in der Bibliothek saßen, landete sie dauernd auf Franziska.

Der zweite Versuch mit einer Frau bei mir zu Hause war wieder gescheitert. Es wurde elf und sie wurde müde.

„Es tut mir leid, dass ich hier rumgähne. Ich habe mir den Abend eigentlich anders vorgestellt. Aber das holen wir in vier Wochen nach. Das meine ich ernst, ich habe seit deiner Feier nur an dich gedacht, aber irgendwie will ich noch mal ein kleines Stück zurückrudern."

„Kein Problem", sagte ich. „Warum erst in vier Wochen?"

„Ich fahre mit meinen Erstsemestern zu einem Austausch in die USA. Kannst du so lange auf einen neuen Versuch warten?"

„Ja, kein Problem. Ich lese so lange."

„Gut, dann weiß ich ja, dass du zu Hause bist, wenn ich wiederkomme. Danke für den Abend."

Als sie weg war, setzte ich mich wieder aufs Sofa. Die vier Wochen konnten beginnen. Doch klingelte es wieder an der Tür und ich öffnete erwartungsvoll. Franziska schien noch etwas loswerden zu wollen.

„Hannes, dit tut mir echt leid! Ick hab dein Besuch grade runterjehen sehen. Die Hübsche von der Party. Ick hab euch den Abend versaut, oder?", sagte Hupe.

„Du oder das fehlende Salz im Essen oder die Fliege, ich weiß es nicht."

„Welche Fliege?"

„In der Bibliothek."

Hupe trat ein und ging zu den Erkerfenstern. Die Fliege hockte ganz still auf dem Glas. Er nahm seine riesigen Hände und legte sie wie eine Muschel über dem Insekt auf der Scheibe zusammen.

„Kannste ma dit Fenster uffmachen?"

Ich öffnete es. Hupe entließ das Tier in die Freiheit. „Hat ooch nen Recht zu leben. Jehn wa noch wat trinken?"

Die Ökoschwaben vom Mauerpark

In den folgenden zwei Wochen kehrte ich in meinen gewohnten Rhythmus zurück. Hupe traf ich nur zweimal morgens bei Holger, als er Getränke anlieferte. Ich kaufte Zigaretten und den Tagesspiegel, fuhr in die Agentur und wickelte meine Projekte ab. Wir näherten uns dem Ende des Jahres und der Troll erhöhte den Druck auf alle, die offenen Aufträge rasch abzuschließen. Er war ein Meister darin, der Stimmung in seiner Belegschaft immer neue Tiefpunkte abzutrotzen. Er bat mich, meinen Weihnachtsurlaub ins neue Jahr zu verschieben und zwischen den Jahren die Stellung im Büro zu halten, da er nach Thailand wollte. Wie in jedem Jahr lehnte ich ab, obwohl ich in diesem Jahr nichts anderes vorhatte. Die traditionelle Familienweihnacht mit meinen Eltern, meiner Schwester, ihrem Mann und ihren Kindern, würde ab sofort in einem Dorf zwischen den Wäldern stattfinden. Nicht wie fünfunddreißig Jahre lang in Berlin mit einer großen Tanne in der Bibliothek.

Ich würde nicht hinfahren. Aber auch nicht im Büro sitzen. Dazu hatte ich seit dem Umzug viel zu wenig Zeit für mich gehabt und ich hatte mir schon etliche neue Bücher für den Weihnachtsurlaub bestellt. Pünktlich verließ ich jeden Tag das Büro, aß alleine Abendbrot und las, bis ich müde war. Nach zwei Wochen lag eine Postkarte aus Boston in meinem Kasten. Sie zeigte eine riesige Universitätsbibliothek.

Hier ist es fast wie bei dir zu Hause. Aber nur fast. Bis bald!
Franziska.

Auch da, wo ich war, war es fast wie bei mir zu Hause. Aber eben nur fast. Ich setzte mich aufs Sofa, schaute in den dunklen Abend und las die Karte immer wieder. Ich überlegte, ob ich ebenfalls eine Postkarte schreiben sollte, nicht nach Amerika, sondern in die Malplaquetstraße 18, als Begrüßung nach einer langen Reise.

Da klingelte es. Um kurz vor zwölf.

„Entschuldje Hannes, is aba wichtig."

„Komm rein, Hupe. Was ist denn los?"

„Haste nen Buch für anjehende Unternehma?"

„Wofür?"

„Na, für Manager und jeniale Erfinder, die ihre Idee jewinnbringend an den Mann bringen wollen."

„Du meinst ein Buch über Betriebswirtschaft?"

„Ja. Wenn it dit is, wat ick meene, denn ja."

„Hupe, ich weiß noch nicht, was du meinst."

„Na jehts in dem Buch um Zielgruppendefinition?"

„Mir scheint, du suchst eher ein Buch über Marketing."

„Och jut, kann ick mir dit ausborjen?"

„Könntest du, ich hab aber keins."

„Wat, bei die Fülle an Büchern haste keens darüber?"

„Nein, Zielgruppenansprache hat mich bisher nicht interessiert. Jetzt werde ich aber neugierig. Setz dich mal hin und erzähl mal weiter."

„Also, pass uff, ick fühl ma so schlau, seit ick mit dir zu tun habe."

„Nach zwei Wochen schon."

„Ja. Und da dacht ick, ick könnt alte Projekte, die nich so jelaufen sind, noch ma bei aleuchtetem Vastand anjehen."

„Aha. Von welchem Projekt sprechen wir da?"

„Weeßte, wie man in Berlin zum Fernsehturm sagt?"

„Ja, Telespargel."

„Jenau, Herr Schlau-Schlau."

„Bitte was?"

„Herr Schlau-Schlau. So nenn ick dich, wenn ick an dich denke. Entschuldjung."

„Du hast einen Spitznamen für mich?"

„Ja."

„Ich hatte noch nie einen Spitznamen."

„Na denn wird dit aba Zeit. Dit passt zu dir, finden ooch andre."

„Andere? Welche anderen?"

„Na Holger zum Beispiel und Tietz. Ick gloobe sojar Heiner jefällt der."

„Ihr redet im Stöber-Shop über mich?“

„Manchmal. So eine jebildete Persönlichkeit betritt selten diesen Laden.“

„Aha. Herr Schlau-Schlau also. Na meinetwegen. Was war jetzt mit dem Telespargel?“

„Ick hatte vor zwee Jahren im Frühling die Idee jehabt, Beelitzer Sparjel und kleene Kartoffeln anzukoofen. Denn hab ick die Kartoffeln jeschält, durchbohrt und eene jeschälte Sparjelstange zu einem knappen Drittel durchjeschoben. Dit hab ick denn uffrecht in die Sparjelkisten jestellt und die Dinga sahen jenau aus wie der Telesparjel. Ick dachte, dit reißen mir die Berliner am Sonntag uffm Flohmarkt am Mauerpark aus Lokalpatriotismus aus der Hand. Ooch, wenn ick zwanzich Prozent uff den Einkaufspreis druffschlaje. Und Kartoffeln jibts ja sowieso zum Sparjel. Hip und praktisch zugleich.“

„Und wie lief es?“

„Naja, ick hab dit Zeug wieda komplett mitjenommen und eene Woche lang früh, mittags und abends Sparjel jejessen. Janz weiß bin ick davon jeworden und bekomm dit Zeug heute nich mehr runter.“

„Die Leute wollten eben keine vorgeschälten Kartoffeln kaufen, in die jemand einen vorgeschälten Spargel gestopft hat.“

„Nee, nee, dit war nich der Grund. Ick hatte einfach nur die falsche Zielgruppe uffm Schirm. Am Mauerpark kooft doch keen Berliner ein, nur Neuberlina, die den Telesparjel nich erkenn. Weil ihnen der Name janich jeläufig is. Dit war dit einzje Problem. Deshalb fraje ick nach dem Buch. Irjendwie muss man den Ökoschwaben, die da rumrennen, doch wat Jutet anbieten und nen paar Euro fuffzig Jewinn machen könn?“

„Die Ökoschwaben? Ist das deine Zielgruppendefinition? Ich glaube, die ist etwas homogen. Weder sind das alles Schwaben noch alles Ökos.“

„Na meen Bruder lebt janz jut mit dieser Zielgruppendefinition. Neunzich Prozent seiner Biokisten jehen in den Prenzlauer Berg. Und da liegt ooch der Mauerpark.“

„Kann ja sein, aber trotzdem ist die Definition zu eng. Das sind ja nicht alles gleich Müslifresser."

Da wurde es ganz hell in Hupes Gesicht. Er sah mich an voller Bewunderung und Erstaunen.

„Meene Fresse, Herr Schlau-Schlau, du hast es druff. Du bist nich nur schlau, du bist ein Genie. Ein richtjer Einstein."

„Äh, wieso? Jetzt kann ich dir nicht mehr folgen."

„Müslifresser! Dit isset. Ick verkoofe denen Müsli. Aba nich in Tüten, sondern als Müsli am Stiel. To Go! Vastehste?"

„Du bist wahnsinnig, Hupe."

„Jenau. Genie und Wahnsinn liegen dicht beieinanda, so wie unsere Wohnungen, so wie wir beede. Dit Schicksal hat dich jeschickt. Dit wird der Renner. Wir fangen morgen Mittag an, denn ham wa den janzen Samstag für die Produktion und Sonntag hauen wa dit Zeug raus."

„Wir?"

„Na für diesen großartijen Jedanken will ick dich anjemessen beteiljen. Wir machen fifty fifty. Die Beteiljung schließt die Produktion aba mit ein. Außerdem is deene Küche größer."

Am nächsten Tag kam Hupe mit dreizehn Tüten Seitenbacher-Müsli, fünf Gläsern Honig, zwei Tüten Rohrzucker, zweihundert Einwegholzspateln und vierzig Reagenzgläsern zu mir.

„Woher hast du die Reagenzgläser, Hupe?"

„Die hab ick von nem Ufftrag letzte Woche. Da musst ick ne HNO-Praxis ufflösen. Spatel warn dafür jedacht, bei der Rachenuntersuchung die Zunge wegzudrücken und die Gläser waren für Abstriche von den Mundschleimhäuten. Dit hat mir der Doktor, der jetzt in den Ruhestand jeht, jenau erklärt."

„Na dann hoffe ich, dass der Doktor schon lange keine Patienten mehr im Rachen untersucht hat."

„Dit war allet noch steril verpackt bis eben, mach dir ma keene Sorgen. Der hatte einfach zu viele Spatel bestellt und zu große Reagenzgläser. Und uns hilft dit enorm. Passen jenau fuffzich Gramm rein in so'n Glas."

Während Hupe nach einem selbst erdachten Rezept die Müslimasse in einem der Kochtöpfe meiner Großmutter herstellte, kochte ich die Gläser in einem zweiten Topf aus. Dann füllten wir die Masse in die Gläser ab, steckten je einen Spatel hinein und stellten sie bei hundert Grad für zehn Minuten in den Ofen.

„Wir müssen die Müslistangen rausholen, solange se heiß sind, sonst könn die Schwaben morjen Glas futtan. Kalt Wasser drüba, denn kannste die am Stiel vorsichtig rausziehn."

Zweihundert Stück für den Verkauf und zwei für uns bekamen wir bis zum Abend fertig. Dann aßen wir selbst unser erstes Müsli am Stiel und es war unglaublich. Es schmeckte großartig.

„Was nehmen wir pro Stück, Hupe?"

„Drei Euro. Dit is ne ordentliche Marge. Inna Herstellung kosten die mit dem Müsli viernvierzich Cent, plus Honig, Rohrzucker und Stromverbrauch vom Ofen vielleicht sechzich Cent. Die Personalkosten lass ick ma weg."

„Das kauft kein Mensch für drei Euro."

„Doch, dit wirste schon sehn."

Der November war immer noch frühlingshaft warm und wir bauten am Sonntagmorgen Hupes Flohmarktstand auf. Neben dem ganzen Zeug aus Haushaltsauflösungen lagen die ersten fünfzig Müsli am Stiel in einem Korb, davor stand ein Schild mit dem Preis. Nach zehn Minuten kamen zwei junge Frauen mit Kaffeebechern in der Hand vorbei. Ihr Blick hielt sofort an den Müslistangen fest.

„Zwei Müsli am Stiel, bitte. Das ist ja absolut genial."

„Neben mir sitzt der Afinder", sagte Hupe und wies auf mich hin. Die beiden strahlten mich anerkennend an.

Als sie nach einer halben Stunde zwei weitere kauften, waren wir insgesamt schon fünfzig Stück los. Wir erhöhten gegen halb zwölf den Preis auf vier Euro. Wir hatten bereits hundertfünfzig Stück verkauft. Der ganze Flohmarkt schien mit einem Müsli am Stiel in der Hand unterwegs zu sein, weitere Leute kamen für eine zweite Runde. Um zwölf ging Hupe Currywurst für uns holen, ich hatte noch zwanzig Müsli übrig und nahm das Schild weg. Als Nächstes kam eine Familie, die in einem Sammeloutfit von Jack Wolfskin auf den Flohmarkt gekommen war. Die

Mutter fragte mich nach dem Preis. Ich gab ihr vier Stück für zwanzig Euro. Der Rest ging auch für fünf Euro das Stück weg, noch bevor Hupe mit der Currywurst zurück war.

„Mann, dit war ne Riesenschlange bei der Currybude. Jetzt essen wa erst ma wat und denn jenehmigen wa uns nen Müsli zum Nachtisch."

„Das wird wohl nichts werden. Die Müslis sind weg."

„Wat, für vier Euro?"

„Nein, für fünf."

„Mann, du bist genial! Soll ick dich nich doch lieber Einstein nennen?"

„Nein, Herr Schlau-Schlau reicht mir."

„Ist jut. Du kannst denn ooch los, lesen jehen. Hier haste deinen Anteil. Dit warn jetz insjesamt sechshundertsiebzich Euro mit Müsli an eenem Vormittag. Für diesen Sonntag ist die Mission beendet."

Auf dem Nachhauseweg blieb ich noch an einem Bücherstand stehen und suchte nach Paul-Celan-Gedichten. Die gab es nicht, aber es lag ein Exemplar von *Zielgruppen gewinnen und verstehen – wie Sie sich in die Welt Ihrer Kunden versetzen* aus.

Ich ließ es liegen, Hupe brauchte es nicht mehr.

Der Gummiball von Tony Blair

Die nächsten Tage vergingen langsam, auch wenn in der Agentur viel zu tun war. Trotzdem blieb ich meinem Grundsatz treu, dem Troll nicht mehr als die bezahlten Stunden zu Diensten zu sein. Der Tag dort verging wie im Flug, aber in meiner Wohnung schienen die Uhren stillzustehen. Ich las ein bisschen hier hinein und dort hinein, schrieb meinen Neffen Postkarten und schaute aus dem Fenster. Dann ging ich früh ins Bett. Hupe klingelte nicht und Franziska war noch in Amerika. Am Freitag rief mich Konrad an und lud mich ein, unser verpasstes Wiedersehen morgen nachzuholen. Auf seiner Pullerparty.

„Was ist denn eine Pullerparty?", fragte ich.

„Da stößt man auf das Wohl eines Neugeborenen an. Wir feiern die Geburt von Victoria. Und unsere neue Wohnung kennst du auch noch nicht. Da wartet noch ein Bücherregal auf deine Einschätzung."

„Mal sehen, ob ich es schaffe. Danke für die Einladung."

Ich war nicht sicher, ob ich Lust hatte hinzugehen. Meine Lust, fremde Regale zu begutachten, hatte sich unbemerkt davongemacht. Es fiel mir erst jetzt auf.

Trotzdem ging ich am nächsten Abend hin. Es war eine kleine Runde von Experten, die sich über Kindspech, Stillzeiten, Kitaplätze und Bisphenol-A-freie Trinkfläschchen austauschten. Ich brummte freundlich mit. Einzig eine ziemlich attraktive Freundin von Konrads Frau war ebenso unbeteiligt wie ich. Das Gute war, dass keiner meinen Regalauftritt verlangte, also ging ich irgendwann der hübschen Freundin hinterher in die Küche.

Der Umstand, dass wir beide im Wohnzimmer kein gemeinsames Thema hatten, wurde dann unser Thema. Sie hatte wie ich keine Kinder und keinen festen Partner. Sie arbeitete auch in einer Agentur und ich unterhielt mich zum ersten Mal mit jemandem über meinen Job. Bei ihr lief alles *mega* und ich tat so, als wäre bei mir alles *spannend*.

Bald verabschiedeten wir uns von der versammelten Elternschaft. Wir hatten ein Stück gemeinsamen Heimweg und gingen durch die Straßen von Pankow. Vor meiner Tür deutete sie an, dass der Abend noch jung wäre und auf sie keiner warten würde. Wir gingen auf einen Wein nach oben. Die Bibliothek fand sie auch *mega*. Ich holte zwei Gläser und schenkte Wein ein. Wir plauderten noch ein bisschen über die anderen Gäste von eben, die ihrer Meinung nach alle *ganz schön frustriert* wirkten. Mein Eindruck war das nicht, aber ich wollte auch nicht diskutieren. Dann stellte sie ihr Glas ab und küsste mich, was ich nur zögerlich erwiderte. Sie hatte eine entfernte Ähnlichkeit mit Franziska und wir saßen am gleichen Ort wie auf meiner Feier. Aber ich wollte sie eigentlich nicht küssen.

„Stimmt was nicht?“, fragte sie.

„Doch, schon. Es ist sehr nett mit dir. Aber ich bin nicht in Stimmung.“

„Es ist nett mit mir. So was Schönes hat ja noch keiner zu mir gesagt.“

„Entschuldige, so hab ich das nicht gemeint. Aber ich glaube, ich wäre jetzt lieber allein.“

Darin hatte ich Übung – etwas zu beenden, was noch nicht richtig begonnen hatte. Sie nahm ihre Jacke und verschwand, ohne sich umzusehen. Die Tür glitt ins Schloss und ich war wieder allein.

Noch eine Woche. Dann würde Franziska zurückkommen.

Ein paar Tage später kündigte sie auch wirklich ihre Rückkehr an. Sie hatte meine E-Mail-Adresse auf der Agentur-Webseite gefunden.

Lieber Hannes,

ich bin verwirrt. Und das seit fast vier Wochen. Erst dachte ich, es liegt an Amerika. Aber das ist es nicht. Vielleicht liegt es daran, dass hier richtiger Winter herrscht und es bei uns noch so mild war. Vielleicht liegt es aber auch daran, dass ich mir dich nicht aus dem Kopf schlagen kann. Ich muss das klären. Dringend. Am liebsten, sobald ich wieder Berliner

Boden betrete. Falls du mir helfen willst – ich lande kommenden Samstag in Tegel, 20:44 Uhr, mit Lufthansa aus Frankfurt.
Franziska

Ich ließ mich nicht zweimal bitten und schrieb sofort, dass ich erscheinen würde. Wir tauschten noch die Handynummern aus, damit eine mögliche Verspätung der Klärung ihrer Verwirrtheit nicht im Weg stand. Am Samstagmorgen kaufte ich einen Strauß Callas, etwas Salat und Käse für ein spätes Abendessen ein. Der Rest des Tages wurde mir wieder mal lang. Das kam in der letzten Zeit ja öfter vor, aber das Gefühl war mir so fremd, wie in der Hose eines anderen und dickeren Mannes zu stecken. Ich beschloss, einfach früher loszufahren und am Flughafen die Zeit totzuschlagen. So saß ich um siebzehn Uhr im Auto, was sich wenig später als gute Intuition herausstellen sollte. Mein Handy klingelte und zeigte Hupes Nummer.

‚Gut, dass er anruft‘, dachte ich. ‚Es vertreibt mir die Zeit und ich kann ihn vorwarnen, dass ich heute Abend Damenbesuch habe.‘

„Hallo, Hupe."

„Hannes, kannste vorbeikommen? Ick lieje im Krankenhaus, Charité im Wedding."

„Ist das dein Ernst? Was ist denn passiert?"

„Ick bin mit dem Rennrad jefahren, wat du mir verkooft hast. Ick wollt zeigen, wie man damit fährt."

„Ja gut, und dann?"

„Denn is mir der kleene Jummi-Ball von Tony Blair ins Vorderrad jesprungen."

„Der was?"

„Der kleene Jummiball von Tony Blair."

„Der kleine Gummiball vom früheren britischen Premierminister ist dir ins Vorderrad gesprungen?"

„Nee, nich von dem, der Hund heißt Tony Blair."

„Du hast einen Hund?"

„Ick nich, aba mein Sohn."

„Du hast einen Sohn?"

„Ja, hab ick."
„Und der hat einen Hund, der Tony Blair heißt?"
„Ja, weil dit nen Jack Russell Terrier ist und die kommen ja aus England, und als dit Tier jeboren wurde, war der Blair da der Präsident."
„Blair war da der Premierminister. Des Vereinigten Königreichs."
„Ejal. Jedenfalls heißt der Hund so wie der. Meene Ex fand den Blair damals irjendwie sympathisch."
„Also du hast einen Sohn, der einen Hund namens Tony Blair hat, der einen kleinen Gummiball hat, der dir, als du mit dem von mir gekauften Rennrad gefahren bist, ins Vorderrad gesprungen ist."
„Du hast it erfasst."
„Aber warum soll ich jetzt ins Krankenhaus kommen?"
„Weil der Ball dit Vorderrad blockiert hat und ick ne schöne Sonne über den Lenka jedreht habe und dann, mit dem Kopp zuerst, wieder unsern Heimatplaneten erreicht habe. Jetzt lieje ick wejen Jehirnerschütterung hier zur Beobachtung. Ick soll bewusstlos jewesen sein."
„Und jetzt wünscht du dir Besuch oder warum soll ich kommen?"
„Nee, lass mal, wegen mir würde ick nich anrufen. Aber meen Sohn sitzt noch hier und weeß nich wohin. Er wohnt sonst bei seina Mutta und ihrem neuen Macka in Braunschweig. Einmal im Monat issa am Wochenende bei mir. Ick hab it schon bei Holger und Franky vasucht, aber die jehen nich ans Telefon."
„Okay, ich hole ihn ab. Ich muss dann aber schnell weiter und jemanden vom Flughafen abholen."
„Danke, Hannes. Haus drei, Station sechs."
„Ach Hupe, wie heißt dein Sohn eigentlich?"
„Enrico."
„Enrico. Gut. Bis gleich."
Das Krankenhaus war zum Glück auf dem Weg zum Flughafen, so dass ich noch pünktlich bei Franziska sein würde. Die Vorstellung, Franziska mit einem Kind und einem Hund an meiner Seite abzuholen, leuchtete in mir auf und ich versuchte, sie zu verdrängen. Das ging zu Lasten meiner Konzentration. Denn als ich im

Aufzug zu Station sechs war, fiel mir auf, dass ich den Strauß Callas mitgenommen hatte. Ich liebte diese Pflanze und ihr Zeichen für Unsterblichkeit. Aber man sah sie eben auch oft auf Gräbern, weshalb ich mir damit im Krankenhaus sehr pietätlos vorkam.

Als ich eintrat, setzte Hupe sein breitestes Grinsen auf.

„Hupe, du lachst, geht es dir schon wieder gut?"

„Nee, dit nich, aber ooch nich so schlecht, dassde mir gleich nen Strauß von diesen Todesblumen bringen musst. Ne Kiste Weinbrandbohnen wär mir lieba jewesen!"

„Ach so, die Blumen, nein, die sind für meinen Gast."

Auf dem Sessel lag ein Junge und schlief. Er war schon ziemlich groß, irgendwie aber auch noch nicht jugendlich. Ein weiß-braun-gescheckter Jack Russell Terrier lag auf seinem Schoß. Der Junge schien sehr tief zu schlafen, der Hund schaute mich interessiert an.

„Wie hat er denn den Hund hier reinbekommen?"

„Der Junge is nen Fuchs. Der hat den schnell in sein Rucksack jestopft, bevor der Krankenwajen jekommen ist. Ick war ja bewusstlos und konnt ihm dit nich vabieten. Hätt ick ooch keene Chance jehabt. Ohne den Hund jeht er nirjendwo hin, außer vielleicht inne Schule. Er ist nen sehr ruhijet Kind. Interessiert sich für wenig. Keen Fußball, keen Computer. Fernsehen jeht so, aber du musst ihn ooch nich ins Bett zerren, wenn Schlafenszeit is. Dit Rennrad hat ihn ooch nich interessiert, obwohl ick den Sattel janz runter jestellt habe. Ick gloobe, er hängt an dem Hund mehr als an Menschen. Dit Tier hatta ooch schon lange."

„Das glaube ich gern, wenn Blair bei seiner Geburt Premierminister war."

„Wat du allet weeßt, Herr Schlau-Schlau. Wat du allet weeßt."

„Hupe, ich muss Enrico mal wecken. Wir müssen noch zum Flughafen."

„Damenbesuch?"

„Ja."

„Ick versau it dir schon wieda, oda?"

„Ich glaube nicht. Aber um sicherzugehen, muss ich pünktlich sein und Enrico jetzt wecken."

„Klar. Der Junge muss ooch hier raus. Vor allem der Hund. Die nette Schwesta hat ihn nur hierjelassen, weil ick jesagt habe, dass du glei kommst. Bei der Visite fliegen Kind und Hund spätestens raus."

„Wie alt ist er denn?"

„Elf."

Ich rüttelte sanft an Enricos Schulter, während Tony Blair meinen Arm beschnüffelte. Enrico erhob sich langsam. Sein Gesicht trug den Abdruck vom Polster des Besuchersessels auf der linken Wange. Er sah aus wie Hupe. Genau, wie ich mir Hupe als Kind vorstellen würde. Ohne dass ich, von meinen Neffen abgesehen, viele Kinder wahrgenommen hatte, war ich mir sicher, dass seine Hände für einen Elfjährigen sehr groß waren, Fliegenfängerhände eben.

„Enrico", sagte Hupe. „Dit is Hannes, meen Nachbar. Bei dem kannste schlafen. Ick bin hoffentlich morjen Nachmittag wieder zu Hause. Spätestens übamorgen. Mama weeß Bescheid. Die meldet dich inna Schule krank, falls it länga dauert. Montagabend bring ich dich zum Zug. Er kann doch ooch nen bisschen länga bleiben, oder Herr Schlau-Schlau?"

Das war mir neu, aber was sollte ich tun.

„Kein Problem, Hupe. Wenn es länger dauert, dann dauert es eben länger."

„Danke. Nimm ma noch meenen Wohnungsschlüssel aus meener Jacke. Klamotten und so sind in seim Rucksack. Der liegt in seim Zimmer. Geradezu, wennde rinkommst."

Dann saßen wir in meinem Auto. Ich, ein Kind und ein Hund. Wir waren auf dem Weg, eine Frau abzuholen, die ich vorher nur zweimal gesehen hatte. Ich hatte wirklich viel gelesen. Aber an etwas Vergleichbares konnte ich mich nicht erinnern.

Franziskas Überraschung war riesengroß. „Dass du mich abholst, hab ich ja erwartet. Aber mit Kind und Hund? Hast du mir einen Sohn verschwiegen?"

„Nein. Das ist Enrico. Der Sohn von Hupe. Sein Vater liegt seit ein paar Stunden im Krankenhaus. Enrico schläft bei mir, bis Hupe raus kann. Morgen oder übermorgen."

„Hallo Enrico!", sagte Franziska. „Ich bin die Franzi. Ist das dein Hund?"

Enrico nickte und blieb so still wie auf der Fahrt vom Krankenhaus hierher. Dann küsste Franziska mich und nahm meine Hand, als wir in Richtung Parkplatz gingen. Als wir zu Hause ankamen, holten wir noch schnell Enricos Sachen, seine Matratze und sein Bettzeug aus Hupes Wohnung.

Dann sprach Enrico zum ersten Mal. „Tony Blair braucht noch seinen Fressnapf und seine Wasserschale. Und Hundefutter."

Wir nahmen alles mit hoch. Ich zeigte Enrico sein Zimmer. Das dritte Zimmer meiner Wohnung, das komplett leer war. Ich hatte mich für eine Dreizimmerwohnung entschieden, damit ich ein Zimmer freihätte, wenn die Bibliothek nicht mehr in ein Zimmer passte. Jetzt wurde plötzlich ein Gästezimmer daraus.

Als die Matratze, sein Bettzeug und alles darin lag, sagte Enrico: „Ich habe Hunger."

„Kein Problem. Wir essen jetzt Abendbrot."

Franziska hatte schon den Käse gefunden und auf den Küchentisch gestellt und war dabei, den Salat zu waschen. Ich schaute sie an. Sie schaute lange zurück. Das hielt an, bis Enrico nach Brot fragte. Ich schnitt ein Baguette auf, das der Junge komplett verdrückte. Dazu ein Stück Appenzeller und ein Stück Gruyère. Auch das Gläschen Feigensenf machte er dabei nieder, als gäbe es danach eine Woche kein Essen mehr.

Tony Blair hatte von Enrico inzwischen auch sein Essen bekommen und schlief schon unterm Tisch. Franziska und ich hatten den Blick vom Salatwaschen wieder aufgenommen und bis ins Endlose verlängert. Als Enrico und der Hund im Gästezimmer verschwunden waren, fielen wir übereinander her wie Wanderer in der Wüste über einen Krug Wasser.

Ich hatte mir in den letzten Wochen hin und wieder vorgestellt, wie es sein würde, das erste Mal neben einer Frau aufzuwachen. Auf meine Erfahrung konnte ich dabei nicht zugreifen und so las ich entsprechende Romanstellen nach, an die ich mich erinnerte. Ich wollte für alle Fälle gut vorbereitet sein. Doch es gelang mir nicht, mich hinüber in das Buch zu begeben. Nicht beim ersten, nicht beim zweiten, nein, bei keinem der Versuche. Bei keiner Geschichte, bei keiner Szene fand ich eine Tür hinein. Ich erkannte die Schönheit der Sprache, die Prägnanz der Formulierungen, die genau richtigen Worte. Es war ein Vergnügen zu lesen. Aber eben nur ein Vergnügen. Wie konnte das sein?

So lag ich Sonntagmorgen da, gänzlich unvorbereitet auf mein erstes Aufwachen in Gesellschaft. Franziska schlief noch. Ich sah erst sie lange an, dann das Bett, das ganze Zimmer und wieder sie. Ich suchte nach Worten, um das alles zu beschreiben. Dieses Licht, diese Wimpern, die Schatten der Nacht. Die langen Falten im Laken und die winzigen Falten am Mund. Ich wollte alles beschreiben, mit meinen eigenen Worten, doch ich blieb stumm. Dann blickte Franziska mich an.

„Ich wache auf, wenn man mich zu lange anschaut. Nur dass du das weißt."

„Verzeih mir, aber ich scheitere gerade an dem Versuch, etwas in Worte zu fassen."

„Dann lass es. Merk dir einfach die Bilder für später. Das nennt man schöne Erinnerungen."

„Gut, ich werd es versuchen. Darf ich noch mal mit unter deine Decke?"

„Eigentlich gern. Aber hast du schon mal auf die Uhr geguckt? Du hast ja noch mehr Besuch heute Morgen."

Da traf mich der Schlag. Enrico! Tony Blair! Ich hatte überhaupt nicht mehr an sie gedacht. Ich sah auf mein Handy. Es war kurz vor elf. Das Kind musste längst verhungert sein. Der Hund auch. Ich griff zu meiner Unterhose neben dem Bett und zog das T-Shirt von gestern noch mal an. Dann rannte ich in die Küche. Dort waren sie nicht. Das Gästezimmer? Leer. Waren Sie weg? Oder in Hupes Wohnung? Nein. Sie waren in der Bibliothek. Enrico saß auf meinem Lesesofa, Tony lag daneben. Enrico las und nahm keine Notiz von mir. Der Hund hob den Kopf und wedelte mit dem Schwanz, als er mich sah.

„Enrico!", sagte ich. „Entschuldige, dass wir erst jetzt aufstehen."

Er sah mich verständnislos an. „Das macht nichts. Papa steht viel später auf. Ich hab mir ein paar Bücher genommen. War das okay?“

„Ja! Natürlich. Was hast du dir denn ausgesucht?“

„Das erste Buch war dieses Dschungelbuch. Jetzt lese ich Gullivers Reisen. Es fühlt sich alt an, aber es ist sehr spannend.“

„Das ist ein altes Buch, da hast du recht. Es ist von 1939.“

„So alt? Ich find es trotzdem spannend.“

„Ich auch. Der Text ist noch viel, viel älter. Das Buch, was du in der Hand hältst, hat ein Mann namens Erich Kästner 1939 verlegt und vorher für Kinder ein bisschen bearbeitet. Es gibt nur noch wenige Bücher aus dieser Auflage.“

„Aber er hat es nicht geschrieben?“

„Nein, das war Jonathan Swift. Ein Schriftsteller aus Irland. Er hat das über zweihundert Jahre früher geschrieben. Bevor Kästner das zu einem Kinderbuch gemacht hat.“

„Hast du das erste Buch auch?“

„Von Swift? Leider nein. Aber ich bin schon froh, dass ich eines aus der Zeit von Kästner habe. Außerdem ist das in Deutsch. So können wir es auch lesen. Hast du Hunger, Enrico?“

„Nein. Ich war vorhin mit Tony draußen und hab mir Papas Wohnungsschlüssel aus deiner Jacke genommen. Ich hoffe, du bist nicht sauer.“

„Nein, überhaupt nicht. Habt ihr unten in Hupes Wohnung gefrühstückt?“

„Nein, ich hab mir nur Toastbrot geholt, hier war keins. Und Marmelade.“

„Enrico, es ist alles in Ordnung. Fühl dich wie zu Hause.“

„So ist es zu Hause nicht.“

„Ich weiß. Hupe ist nicht da und deine Mama auch nicht.“

„Das meine ich gar nicht.“

„Was meinst du dann?“

„Zu Hause habe ich nie Zeit. Da wollen immer alle, dass ich rausgehe, an die frische Luft.“

„Dann lies ruhig weiter. Ich geh mal frühstücken. Ist noch was von dem Toastbrot da?“

„Nein. Das hab ich aufgegessen.“

„Kein Problem. Bis später."

In der Küche stand Franziska. Sie war genauso leidlich bekleidet wie ich. Ich wollte zwei Dinge zugleich. Kaffee kochen und zurück mit ihr ins Schlafzimmer. Ihr ging es genauso. Wir versuchten vierhändig die Bialetti auseinander zu schrauben, Wasser einzufüllen und den Espresso in den Siebträger zu füllen. Es gelang uns, ohne einmal den Körperkontakt zu verlieren. Dann ließen wir los und ich briet sechs Spiegeleier. Beim Essen saß sie auf meinem Schoß.

Wir hatten seit dem Aufstehen kein Wort gesprochen, bis Franziska wieder etwas sagte. „Geht es Enrico gut?"

„Ich denke schon."

„Muss der Hund nicht mal raus?"

„Das war er schon. Da haben wir noch geschlafen."

„Hupe hat sich noch nicht gemeldet?"

„Nein, er wartet bestimmt noch auf die Visite."

„Und wenn er noch im Krankenhaus bleiben muss?"

„Dann weiß ich auch nicht. Aber das sehen wir dann."

„Was machen die beiden eigentlich die ganze Zeit?"

„Tony Blair schläft. In seinem Alter ist das auch legitim. Und Enrico liest."

„Muss ein Kind nicht vor die Tür?"

„Kann sein. Aber ich denke, er ist ganz zufrieden gerade."

„Hat er keinen Hunger?"

„Nein, er hat ein ganzes Toastbrot gegessen. Für uns war nichts mehr übrig."

„Das macht nichts. Aber nach dem Frühstück gehen wir raus."

Dann betrat Enrico die Küche.

„Oh, entschuldigt, störe ich euch?", fragte er.

„Nein, überhaupt nicht", antwortete ich und wurde mir bewusst, dass Franziska und ich halbnackt aufeinander saßen. „Soll ich dir auch ein Spiegelei braten?"

„Später vielleicht. Ich wollte nur Bescheid sagen, dass ich kurz in den Park gehe."

„Allein?"

„Ich bin elf."

„Muss Tony wieder raus?"

„Nein, aber ich wollte das Rennrad holen. Das hat Papa doch extra für mich gekauft und er wollte mich und das Rad mit dem Auto nach Braunschweig bringen. Wenn ich es habe und mitnehmen kann, muss Mama mit dem Auto kommen. Sonst will sie, dass ich mit der Bahn fahre."

„Allein?"

„Ja, ich bin elf. Aber das letzte Mal bin ich eingeschlafen und erst in Hannover aufgewacht. Da war Mama mächtig sauer."

„Was ist mit dem Rad eigentlich passiert. Ist es kaputt?"

„Nein, ich glaube nicht. Und ich will es unbedingt mitnehmen. Es ist das erste Geschenk von Papa, das Mario gut finden wird."

„Ist Mario dein Stiefvater?"

„Das wäre er gern. Aber ich mach nicht alles, was er sagt. Er ist Sportlehrer und will immer, dass ich laufen gehe und schwimme und Rad fahre und mit ihm Fußball gucke. Er kennt mich nicht. Papa schenkt mir Andenken aus Berlin. Ich freue mich immer darüber. Das ist doch meine Geburtsstadt. Und Tonys auch."

„Ich verstehe. Komm, wir holen das Rad. Wo ist der Sturz denn passiert?"

„Bei dem kleinen Restaurant im Park."

„Im Bürgerpark?"

„Ja."

„Und da habt ihr das Rennrad liegenlassen?"

„Nein, der Typ vom Restaurant hat es zu sich reingestellt und gesagt, ich kann es abholen, wann ich will."

„Dann los. Wir ziehen uns nur schnell was an."

Draußen war es noch wärmer als in den letzten Tagen. Der reinste Frühling, obwohl es der erste Advent war. Im letzten Jahr und all den Jahren davor hatte ich an diesem Tag die Herrnhuter Sterne in die Fenster der Bibliothek gehängt und die Pyramide aufgebaut. Das würde ich heute Abend noch machen. Jetzt ging ich erst mal mit Franziska an der Hand und einem Jungen mit Hund in den Park. Das Restaurant hatte wegen des warmen Wetters ein paar Stühle und Tische auf die Terrasse gestellt.

Die anderen setzten sich.

Ich ging hinein und fand den Inhaber an der Kaffeemaschine.
„Guten Tag. Ich wollte das Rennrad abholen. Der Junge da draußen war gestern mit seinem Vater –"
„Ja, ich weiß, ich war dabei. Schlimm. Wird der Mann das überleben?"
„Ja, das wird er, aber er ist im Krankenhaus und hat mich gebeten –"
„Klar, hier, nimm es einfach mit. Hat der Typ zum ersten Mal auf einem Rennrad gesessen?"
„Wahrscheinlich. Ich rate ihm zukünftig davon ab."
„Ach so, eins noch. Den hier hab ich gestern im Gebüsch gefunden. Ich glaube, der gehört dem Hund." Er reichte mir einen kleinen Ball. Nicht viel größer als ein Tischtennisball, rot und aus sehr hartem Gummi.
Mit einer Hand schob ich mein altes Rennrad aus der Tür. Hupe hatte es aufbereitet und es sah aus wie neu. In der anderen hatte ich den Gummiball. Als die anderen mich kommen sahen, kam plötzlich Leben in Tony Blair. Vor Aufregung winselnd und bettelnd sprang er um mich herum und starrte seinen Ball an. Ich warf ihn weit auf die große Wiese nebenan. Wie ein Pfeil schoss Tony hinterher, dann folgten Enrico und Franziska.
Ich sah ihnen eine Weile beim Spielen zu und stieg aufs Rad. Die beiden warfen Bällchen, blickten ab und an zu mir auf, winkten mir, ich winkte zurück und alle lachten dabei. Ich fuhr im Kreis um die Wiese. Wie lange hatte ich nicht mehr auf diesem Rad gesessen. Ich ließ irgendwann den Lenker los und ging, lässig wie ein Profi, freihändig in die nächste Runde. Als ich wieder in Höhe des Restaurants war, blickte ich zu seinem Inhaber hinüber. Wir nickten uns zu. Ich trat noch kräftiger in die Pedale. Das Nächste, was ich sah, war Tony Blair, der rasend schnell in meine Richtung rannte. Er folgte dem Gummiball, der im selben Moment auf dem Weg aufschlug und mir ins Vorderrad sprang. Mein letzter Gedanke war, dass Lesen eine ungefährlichere Beschäftigung war als Radfahren im Park. Dann wurde es ganz dunkel.

Als ich erwachte, lag ich in einem muffigen Raum mit fahlem Licht. Meine Augen brauchten einige Zeit, um die Konturen der Umgebung zu erkennen. Dann erkannte ich Hupe, dessen Gesicht sich, umwickelt mit einem Kopfverband, am oberen Rand ins Bild schob.

„Hupe, was ist passiert?“, fragte ich.

„Wohl dit Gleiche wie mir. Aba jenau wissen dit nur Franziska und Enrico.“

„Sind die auch hier?“

„Nee. It is einundzwanzich Uhr. Die sind in deine Wohnung jefahren.“

„Und das Rennrad? Ist es kaputt? Enrico will es unbedingt mitnehmen.“

„Nein. Der Typ vom Restaurant hat dit wieder bei sich rinjestellt. Kennta ja schon. Franzi kann dit morgen Mittach abholen. Und am Nachmittag kommt schon meene Ex.“

„Wann kann ich hier raus?“

„Dit sagen die Ärzte dir morgen. Bei mir isset ooch noch unklar. Haste Hunger?“

„Ich glaube nicht.“

„Falls doch, Holger war vorhin da und hat Weinbrandbohnen mitjebracht. Und nen Blumenstrauß für dich. Sind aber keene Todesblumen. Willst du nen paar von den Pralinen essen? Die Schwestern sind weg für heute.“

„Einverstanden, Hupe. Gib rüber. Lass uns feiern, dass wir noch am Leben sind.“

Der Troll, das System und eine Tupperdose

Am nächsten Morgen weckte mich mein Handywecker. Er klingelte in eine dumpfe Dunkelheit hinein. Das Handy lag auf meinem Nachttisch. In meinem schmerzenden Kopf dämmerte, dass etwas anders war als sonst. Mein Magen brannte so, dass ich aufstoßen musste. Es schmeckte nach Schokolade und billigem Schnaps. Dann fiel mir siedend heiß ein, was geschehen war. Und nun war es Montagmorgen und ich hätte in die Agentur gemusst.

Es war noch so früh, dass im Moment nicht mal jemand in der Agentur war, dem ich meine Abwesenheit hätte mitteilen können. Das musste noch eine Weile warten. Ich fand einen Lichtschalter am Bett und die Lampe über meinem Kopf ging an. Hupe stöhnte gequält auf und drehte mir seine Rückseite zu. Dann nahm ich das Handy und rief zur Sicherheit doch in der Agentur an. Vielleicht war der Grafiker noch da, dessen Arbeitspensum manchmal so hoch war, dass er nicht nach Hause ging und nur ein paar Stunden auf dem Agentursofa schlief. Aber am anderen Ende blieb es stumm und ich wurde unruhig.

So leicht mir gestern noch der Gedanke erschien, mal einen Tag krank zu machen, um auf Enrico aufzupassen, so verrückt erschien mir das Ganze nun. Der Troll würde toben und war so unberechenbar, dass ich begann, mir Sorgen um meinen Job zu machen. Es hatte sich doch schon alles geändert, da könnte doch wenigstens der Job erhalten bleiben. Ich hatte in meinem Leben noch nichts anderes gemacht. Wo sollte ich also etwas Neues finden? Etwas, das auch noch adäquat bezahlt würde? Mein Kopf hörte schlagartig auf, weh zu tun.

Ich stand auf und zog mich an. Es ging mir gut. Zumindest ziemlich. Meine Schulter tat weh, als ich mein T-Shirt anzog, mein rechtes Knie, als ich in die Jeans stieg. Es war dick, aber ich konnte es bewegen. Dann ging ich ins Bad und machte auch hier Licht. Der Spiegel zeigte nicht mich, sondern Hupe mit seinem blutigen Kopfverband. Aber er trug das T-Shirt, das ich mir gerade noch selbst angezogen hatte. Meine Wahrnehmung spielte mir einen Streich, aber das würde sicher gleich vorbeigehen. Mit kaltem Wasser im Gesicht.

Gerade als ich mir das Gesicht wusch, hörte ich jemanden ins Zimmer treten. Ich sah die Person im Spiegel. Sie stand in der offenen Badtür und beschimpfte mich. Ich verstand nur Satzfetzen wie „verrückt", „mit sechs Stichen genäht" und „sofort zurück ins Bett". Dorthin ging ich also wieder und schlief ein.

Als ich das nächste Mal erwachte, war es hell im Zimmer. Im Fernsehen lief Biathlon. Hupe aß Mittag. Ich nahm wieder mein Handy vom Nachttisch, aber es war aus. Der Akku war leer.

„Mensch, Hannes, da biste ja wieda. Hast du lange jepennt. Die Schwestern sind nen bisschen sauer uff dich. Die mögen Selbstübaschätzung jaar nich."

„Das ist mir egal. Ich muss hier raus oder wenigstens telefonieren. Mein Handy ist alle."

„Nimm doch dit Telefon an deim Bett. Funktioniert. Ick hab Enrico schon erreicht. Ick soll dich grüßen und dir allet Jute wünschen. Dit tut ihm allet so leid."

„Was tut ihm leid?"

„Dit mit dem Jummiball. Er hat den schließlich jeworfen."

„Geschenkt, ich hätte ja nicht freihändig fahren müssen."

„Trotzdem hatta een schlechtet Jewissen. Dit war ja schon sein zweeter Volltreffer. In zwee Tagen."

„Immerhin zeigt es, dass er nicht so unsportlich ist, wie er denkt."

„Hatta dir also von seinem Stiefvater azählt?"

„Ja. Aber wirklich, der Junge kann doch nichts dafür."

„Jedenfalls lässta schön grüßen. Und Franziska hat ihm erlaubt, sich ‚Olivers Reise' oder so ähnlich auszuborjen. Weeßt du, watta meint?"

„Ja, ich weiß, was er meint."

„Er sagt, er wird dit hüten wie Tony Blair."

„Ja, das glaube ich ihm. Hat er gesagt, was Franziska heute macht?"

„Die kommt nachher, wenn meine Ex Enrico abjeholt hat."
„Gut. Danke Hupe. Ich muss mal telefonieren."
Ich wählte direkt die Durchwahl vom Troll.
„Hannes, schön, dass du es einrichten kannst, dich wenigstens mittags mal zu melden. Ich versuche seit Stunden, dich zu erreichen."
„Ich liege im Krankenhaus und mein Akku ist alle."
„Weißt du, was hier los ist? Ich kläre hier dauernd Rückfragen für dich und du hast sechsundzwanzig ungelesene E-Mails. Drei Bewerbern musste ich heute deshalb absagen und Christina wartet dringend auf deine Freigabe von zwei Entwürfen. Was hast du dir dabei gedacht?"
„Gar nichts. Wie gesagt, ich liege im Krankenhaus. Und das nicht freiwillig. Ich bin gestern mit dem Rennrad gestürzt ..."
„Ich dachte, das hätten wir geklärt. Wir waren uns doch einig, dass du hier zu viel Verantwortung und zu viel Gehalt hast, als so ein Risiko eingehen zu können."
„Da war von der Fahrt zur Arbeit die Rede. Dahin komme ich schon lange mit der Bahn."
„Wie du siehst, reicht das anscheinend nicht aus. Ich erwarte, dass du morgen hier auf der Matte stehst."
„Das kann ich nicht versprechen. Ich weiß noch gar nicht, wann ich rauskomme."
„Dann sorg dafür!"
„Interessiert dich eigentlich, wie es mir geht?"
„Für Sentimentalitäten habe ich in diesem Fall nichts übrig. Ich hab dich gewarnt, dass dieser Sport gefährlich ist. Leider hast du nicht auf mich gehört. Jetzt rück das gerade und komm morgen her. Wenn du da im Bett liegen und telefonieren kannst, dann kannst du das auch hier. Ich stell dir gern dein Telefon und deinen Laptop ans Sofa."

Dann legte er auf. Für ihn war das Gespräch an dieser Stelle beendet. Ich hätte nicht überrascht sein dürfen, aber ich war es trotzdem.

Hupe hatte die Ohren gespitzt und fühlte sich ertappt, als ich ihn anblickte. Er starrte auf den Fernseher, als wäre Biathlongucken seine größte Leidenschaft.

„Kiek ma Hannes, die Führende da, diese Ukrainerin, die hat nach drei Ma Schießen noch keenen Fehler, trotz des Windes, der da heute weht. Die führt schon mit siebenundvierzich Sekunden."

„Das ist keine Ukrainerin. Das ist eine Weißrussin."

„Ach nee, über Biathlon hast du auch allet jelesen, oder wat?"

„Nein. Aber die Flagge, die neben ihrem Namen eingeblendet wird, ist die Flagge Weißrusslands."

„Großartich, Herr Schlau-Schlau, dann eben die Weißrussin. Ick wollt dich einfach ablenken."

„Das wird schwierig."

„Wegen deinem Job?"

„Ja, deshalb."

„Stand dein Rennrad im Keller, weilde damit nich mehr fahren durftest?"

„Ja. Peinlich. Aber so ist es."

„Mann, bin ick froh, dass ick meen eijener Chef bin. Aber bei mir brennen ooch gerade zwee Uffträge an. Zum Glück springt Holger ein."

„Für mich springt gerade mein Chef ein."

„Kann der dit?"

„Da bin ich mir nicht sicher."

„Dit is wahrscheinlich dit Problem. Er broocht dich, weil er it selba nich kann. Und dit kann er nich zujeben. Dit kratzt an seinem Ego und dafür musst du doppelt bluten. Weil du it besser kannst und weil er ohne dich die Kohle verliert. Ick meine, ich kenn ihn ja nich, aber für mich klingt dit so."

„Du weißt gar nicht, wie recht du hast, Hupe. Jetzt hoffen wir mal auf die Visite. Ich muss morgen ins Büro."

Dann kamen die Ärzte. Hupe durfte gehen, ich sollte bis morgen, zur nächsten Visite, bleiben. Ich lamentierte, versuchte mich wohlauf zu geben und bat um Verständnis. Aber sie wollten mich noch eine Nacht hier behalten und empfahlen mir eindringlich, danach mit meinem Hausarzt zu sprechen. Ich hatte nicht mal einen. Als Hupe seine wenigen Sachen einpackte, kam Franziska ins Zimmer. Sie küsste mich vorsichtig, aber lange.

Am Dienstagabend kam ich nach Hause. Gegen Mittag hatte mich Franziska abgeholt und zu ihrem Hausarzt gefahren. Mit einer Krankschreibung für die nächsten zehn Arbeitstage in der Tasche stand ich im Flur.

Der Troll war gestern und den ganzen Tag nicht zu erreichen gewesen.

„Willst du dich hinlegen?", fragte Franziska.

„Nein, ich muss erst mal eine E-Mail an meinen Chef schreiben und mein Handy anmachen."

„Ist das so wichtig?"

„Ja, davon hängt meine Lebensgrundlage ab."

„Von einer E-Mail an deinen Chef? Einer einzigen E-Mail?"

„Ja, wenn es nicht schon zu spät ist."

„Du kommst gerade aus dem Krankenhaus und bist bis Ende nächster Woche krankgeschrieben. Da hat doch jeder Chef Verständnis!"

„Du kennst meinen Chef nicht. Ich schreib ihm jetzt, dass ich krankgeschrieben bin. Und zwar genau so lange, bis mein Weihnachtsurlaub beginnt. Den kann ich als Gegenleistung opfern, um ihn zu besänftigen. Das ist mein einziges Mittel, um mit ihm zu handeln."

„Worum musst du denn handeln?"

„Um meinen Job oder zumindest um meinen Status."

„Weil du gestürzt bist und verletzt? Weil du Urlaub willst? Ein Notfall ist ein Notfall, Hannes. Was gibt es da zu verhandeln?"

„Wie gesagt: Du kennst ihn nicht. Ich weiß, was ich tue."

„Gut. Wenn du dir so sicher bist, dann mach das. Aber schlaf vorher noch mal drüber. Ich kann nicht glauben, dass das dein Ernst ist. Ich komme morgen und schau nach dir. Vielleicht hast du es dir ja bis dahin anders überlegt."

Dann war sie weg. Ihre Abwesenheit dröhnte durch die Räume, in denen sie vorgestern noch so anwesend gewesen war. Mein Kopf tat weh, aber nicht so sehr, um das überhören zu können. Ich setzte mich aufs Sofa, nahm den Laptop und schrieb dem Troll.

Hallo Thomas, ich konnte dich heute nicht erreichen. Leider bin ich für längere Zeit krankgeschrieben. Wie es aussieht bis zu meinem Urlaub. Ich kann also erst im neuen Jahr wieder ins Büro kommen. Lass uns bitte bald telefonieren. Bestimmt kann ich dringende Dinge von zu Hause aus erledigen.

Gruß, Hannes.

Ich zögerte, las die Mail dutzende Male und zögerte wieder. Dann klickte ich auf Senden. Er würde sich melden, da war ich mir sicher. Er würde sich melden und wir konnten verhandeln. Der Weihnachtsurlaub würde draufgehen. Das war klar. Aber was machte das schon? Meine Eltern waren weg, die bestellten Bücher könnte ich vorher lesen und wahrscheinlich würde ich mich bald besser fühlen und schon in der kommenden Woche wieder in die Agentur gehen.

Am folgenden Abend kam Franziska und brachte Essen mit. Sie war fürsorglich, zärtlich und ruhig. Aber ich spürte deutlich, dass sie dabei sehr verhalten war. Nachdem wir gegessen hatten, blieben wir in der Küche sitzen. Das Sofa schien weit fort, das Bett ebenso.

Sie sprach von ihrer Arbeit, den Mühlen der Wissenschaft, den Bedingungen für Referendare, um mir eine Brücke zu bauen, auch über meine Arbeit zu sprechen.

Aber ich, ich verlor kein Wort darüber. Sie ging gegen zehn und wollte morgen Abend wiederkommen.

Der nächste Tag verging langsam. Ich versuchte, den Troll zu erreichen, aber ich erreichte immer andere. Die Ungewissheit wurde unerträglich. Das spürten die Kollegen am Telefon und ich hörte ihnen an, wie sehr sie das genossen. An ihren Stimmen, an ihrer Wahl der Worte, an ihrem Weiden daran, dass mein Stern endlich auch einmal am Sinken war. Nach mehreren Versuchen wurde mir klar, der Troll war für mich nicht zu sprechen. Auf meine E-Mail bekam ich auch keine Antwort. Ich müsste hingehen und einen Kotau machen.

Gegen Mittag klingelte es bei mir. Ich war nicht in der Stimmung, Hupe zu empfangen und Franziska im Grunde auch nicht.

Doch es war der Postbote. Er hielt ein Einschreiben in der Hand. Den Umschlag erkannte ich nur zu gut am Besttext-Logo. Der Troll hatte mir gekündigt. Fristgerecht und ohne Nennung von Gründen. Darin hatte er Erfahrung, das wusste ich bereits. Doch schon wieder hatte er mich überrascht. Aber nicht so sehr, dass ich die Hintertür nicht sehen konnte. Als ich ihn das nächste Mal anrief, ging er sofort ans Telefon.

„Hannes, ist meine Post angekommen?"

„Ja. Das kann nicht dein Ernst sein."

„Doch, das ist mein Ernst."

„Thomas, wir haben Besttext zusammen groß gemacht, ich bin seit fünfzehn Jahren dabei."

„Du warst fünfzehn Jahre dabei. So lange, wie ich mich auf dich verlassen konnte."

„Meinst du ich simuliere hier, oder was?"

„Das kann ich nicht einschätzen. Aber du bist nicht so krank, dass du mir nicht E-Mails schicken und mich mehrmals täglich anrufen kannst. Wenn es um dich geht, bist du ja sehr aktiv. Für unser Geschäft aber nicht mehr. Da ist es Zeit, getrennte Wege zu gehen."

„Wegen einer Krankschreibung?"

„Hannes, du kennst mich. Und du weißt, wie wir unter Druck stehen. Ich kenne dich aber auch. Fünfzehn Jahre konnte ich mich auf dich verlassen. Du hattest immer die richtige Einstellung und dadurch auch einen Sonderstatus. Du konntest immer um fünf den Hammer fallenlassen. Du warst immer der Chef vom Dienst und du hast hier sehr ordentlich verdient, aber plötzlich ist das anders. Du erfüllst deine persönlichen Bedürfnisse nicht mehr nach Feierabend und das ist nicht deine Rolle hier."

„Thomas. Ich bin wirklich krank. Oder verletzt. Nenn es, wie du willst. Mir dröhnt der Kopf. Was soll ich so in der Agentur?"

„Präsent sein, Hannes. Wenigstens präsent sein. Den ganzen Austauschbaren zeigen, wer hier den Takt vorgibt. So ist das System."

„Ich habe das nie als System begriffen."

„Das glaube ich dir sogar. Aber du hast mitgemacht. Weil es so bequem war, vielleicht. Wenn dir Bequemlichkeit nicht mehr wichtig ist, dann darfst du gehen. Ich verstehe das. Aber mir geht es ums Prinzip."

„Und wenn sie mir doch wichtig ist, diese Bequemlichkeit?"

„Dann schüttele dich kräftig, ruh dich noch bis Freitag aus und komm Montag ins Büro. Wie auch vor Weihnachten und zwischen den Jahren. Nicht wegen meines Urlaubs. Herr Palm hat sich schon bereit erklärt, hier Verantwortung zu übernehmen. Zeig mir, dass du auch noch dazu bereit bist."

„Sven? Der aus Karlsruhe? Der ist doch erst seit vier Wochen da!"

„Ja, aber der will hier keine Gleichgesinnten treffen oder nur ein paar spannende Projekte machen. Der begreift das Ganze. Der ist, anders als du, auf eine ganz bewusste Art kaltblütig."

„Sven soll meinen Job machen?"

„Nicht deinen. Einen anderen. Aber er kann eine Hauptrolle übernehmen gegenüber all diesen Statisten hier."

„Das will ich nicht, Thomas. Der kann doch fünfzehn Jahre nicht ersetzen."

„Darum geht es nicht, Hannes. Auch nicht darum, dass jeder ersetzbar ist, das ist nämlich Bullshit. Aber er hat das Zeug, hier hineinzuwachsen."

„Wie kann ich das verhindern?"

„Ob du das kannst, weiß ich nicht. Aber wenn du dabei bleiben willst, brauche ich ein Zeichen. Ein Zeichen, dass es auch dir ums Prinzip geht, um das System. Komm Montag her und während der Feiertage. Dann kannst du Herrn Palm auch zeigen, wer der Herr im Hause ist."

„Das ist dein letztes Wort?"

„So eine blöde Frage! Natürlich ist es das. Komm am Montag und wir reden, dann ziehe ich die Kündigung zurück. Bleib zu Hause, dann weiß ich auch Bescheid."

Trotz meiner Kopfschmerzen verbrachte ich den Rest des Tages fast ausschließlich rauchend auf dem Balkon. Ich hätte Lust gehabt, Rotwein zu trinken. Aber Rauchen war schon schlimm genug für mich.

Gerade als ich dachte, ich müsste mal wieder was essen,

klingelte Franziska. Sie hatte wieder für uns gekocht, doch wir stocherten nur in ihrer Lasagne herum. Das Geräusch des Mineralwassers, das in ein Glas geschüttet wurde, war das lauteste bei diesem Essen.

„Was ist los?", fragte Franziska irgendwann.

„Ich wurde heute gekündigt."

„Heute? Warst du arbeiten?"

„Nein. Das kam per Einschreiben."

„Per Einschreiben? Während du krank zu Hause bist?"

„Ja. Ich hab dir ja gesagt, dass du meinen Chef nicht kennst."

„Du klagst hoffentlich dagegen."

„Nein. Es gibt noch eine andere Chance."

„Und die wäre?"

„Ich gehe ab Montag wieder arbeiten. Und sag meinen Weihnachtsurlaub ab."

„Ist das dein Ernst?"

„Ist das dein Ernst! Das höre ich schon die ganze Zeit. Ja, es ist ernst. Wenn ich Montag nicht erscheine, bin ich arbeitslos. Da kann ich klagen und vielleicht eine Abfindung rausholen, aber bald bin ich pleite."

„Weil du gestürzt bist?"

„Ja, weil ich gestürzt bin. Weil ein beschissener Gummiball mich in einem Moment des Hochgefühls erwischt hat. Es ist kein Ruhmesblatt, das weiß ich auch, aber so ist es. Ich gehe Montag ins Büro und versuche zu retten, was zu retten ist."

„Ich frage mich gerade, was du da retten willst."

„Meinen Job. Mein Gehalt. Das System."

„Welches System?"

„Das System der Firma und meines."

„Kannst du mir das bitte erklären?"

„Das willst du nicht hören."

„Erklär es mir bitte!"

„Ich befinde mich im Chaos."

„Darf es etwas mehr Erklärung sein?"

„Ich stecke im Chaos. Was gibt es da zu erklären? Mein Leben ist nicht mehr das, was es mal war. Ich bin umgezogen. Ich beschäftige mich mit neuen Leuten und habe eben meinen Job verloren. Reicht das als Erklärung aus?"

„Ehrlich gesagt nicht. Ich wüsste ganz gern genauer, mit wem ich es zu tu habe. Wer derjenige ist, in den ich mich verliebt habe, mit dem ich schlafen will."

„Du willst wissen, mit wem du es zu tun hast? Wirklich? Das kann ganz schön traurig werden. Aber gut. Dann erzähl ich es dir. Ich wollte noch vor einem halben Jahr hier nicht sitzen. Nicht in dieser Wohnung, nicht in dieser Situation. Es klingt absurd, ich weiß, aber für mich ist alles neu. Meine Wohnung, meine Einweihungsfeier, Hupe, Enrico, alles neu. Und dann auch noch du. Die Erste, die ich nicht abschütteln will. Das ist alles ziemlich viel auf ein Mal. Mein Job aber ist immer noch der gleiche. Die letzte Konstante in meinem System und umgekehrt das einzige System, in dem ich noch eine Konstante bin. Ich kann ihn nicht auch noch über Bord werfen. Außerdem ist er die Grundlage, um überhaupt ein Stück weit so weiterleben zu können, wie ich es will. Weil er mir das Geld bringt, das ich dafür brauche. Weil er meine Garantie ist, mir dieses Leben leisten zu können. Ich habe keinen anderen. Ganz einfach gesprochen – ich bin aus verschiedenen Gründen darauf angewiesen. Deshalb gehe ich Montag wieder ins Büro!"

Franziska sah mich an. Ich wünschte mir, dass sie nicht weinen würde. Aber sie weinte und ich hatte keine Ahnung, wie ich sie trösten konnte.

Es blieb lange still, bis sie ihre Sprache wiederfand. „Ich hab das Kompliment gehört. Dass du mich nicht abschütteln willst. Gabriela hat mir nach deiner Feier von dir erzählt. Von deinen Eltern, bei denen du gewohnt hast, von deiner Distanziertheit und deiner Bücherliebe. Sie war sich sicher, dass du Freundschaft anders definierst als andere. Sie war trotzdem all die Jahre an dir interessiert und so froh, dass du mit deiner Einladung ein Stück näher an deine Freunde gerückt bist. Eine phänomenale Entwicklung für einen Kauz wie dich. Ich konnte ihr bisher nicht folgen. Ich habe dich nicht einmal so erlebt. Aber heute ist das anders."

„Was ist denn heute anders?"

„Dein altes Leben spielt tatsächlich eine Rolle. Eine so große offenbar, dass du es ein System nennst. Das macht mir Angst."

„Wieso macht dir das Angst? Ich will doch gar nichts ändern. An uns, meine ich."

„Es macht mir Angst, weil da etwas stärker ist als du. Ein System, ein Prinzip – nenn es, wie du willst. Es macht mir Angst, weil ich weiß, dass ich das nicht aushalten kann. Ich habe es vor dir schon ein paarmal ernst gemeint mit einem Mann. Doch immer ist es letztlich an einem Prinzip, einer erst spät enttarnten Weltanschauung, an etwas in dieser Richtung gescheitert. Ich habe einfach Angst, dass uns das auch passiert."

„Franziska! Wir reden hier von meinem Job. Der spielt eine Rolle in meinem Leben, wie der deine in deinem Leben. Wo ist das Problem?"

„Dass er eben nicht ein Job ist. Er ist deine letzte Rückversicherung, deine letzte Säule. Du bist nicht frei, obwohl du mir bisher als der Freieste von allen vorkamst. Wie einer, der nicht Freunde zählen und von Ruhmestaten sprechen muss, um sich zu spüren. Einer, der lieber über Bücher spricht als über sich selbst. Einer, der frei ist von allem Äußeren. Ich hätte dich gern so behalten."

„Willst du mir jetzt ernsthaft sagen, dass jetzt alles anders ist? Weil ich den Job nicht nur des Geldes wegen, sondern auch wegen meiner eigenen Stabilität brauche? Ist dein Beruf nicht auch ein wesentlicher Teil deiner Selbstbestätigung?"

„Das ist er. Aber du verstehst mich nicht. Es geht nicht um deinen Job, sondern darum, was du daraus machst. Er ist nicht deine Erfüllung. Er macht dir wahrscheinlich nicht einmal Spaß. Aber du hältst an ihm fest, als wäre er der seidene Faden, an dem dein ganzes Leben hängt. Und dabei übersiehst du all die andern Fäden, die dein Leben tragen wollen. Du siehst nicht Hupe, nicht deine Freunde, die auch immer da waren, egal wie weit du dich zurückgezogen hast, du siehst nicht Enrico, du siehst nicht mich. Nicht als die, die ich sein will. Es ist nicht nur ein Job, von dem wir da reden. Es ist etwas, das dich erpressbar macht. Erpressbar, unfrei und klein. Etwas, das du über dein Gerechtigkeitsgefühl und über deine Gesundheit stellst. Daneben einen Platz für mich zu finden, wird unmöglich. Das weiß ich, weil ich es früher schon versucht habe. Es wird mir nicht gelingen. Das macht mich sehr traurig, weil es schön mit dir hätte werden können. Aber wir lassen das besser, bevor es noch mehr weh tut.“

Dann schwiegen wir wieder. Erst eine Ewigkeit lang und dann noch eine.

Am Ende der zweiten stand Franziska auf. Sie nahm mein Gesicht in beide Hände, weinte und küsste mich. Dann ging sie.

Auf dem Tisch stand noch ihre rote Tupperdose, in der sie die Lasagne mitgebracht hatte. Ich öffnete eine Flasche Rotwein, trank sie ganz aus und wusch die Tupperdose ab. Dann ging ich in die Bibliothek und saß lange auf dem Sofa. Ich sah in den Pankower Nachthimmel und hielt die Tupperdose auf meinem Schoß. Ich saß lange da. Bis ich mich umdrehte und sie hinter Fontane in die Bibliothek einsortierte.

Einmal Mittelalter und zurück

Wenn ich nicht schon vorher durch den Sturz richtig krank war, dann war ich es am nächsten Morgen ganz eindeutig. Die Flasche Barolo hatte aus dem dumpfen Schmerz in meinem Kopf einen stechenden gemacht. Aber der Kopf war nicht allein. Alles tat weh. Ich war buchstäblich krank. An Leib und Seele. Gegen Mittag gestand ich mir ein, dass es ein völlig neues Gefühl war. Meine frühmorgendliche Idee, dem Troll zu schreiben und ihm meine Rückkehr am Montag zu bestätigen, verschob ich einstweilen. Ich hatte erst mal genug damit zu tun, mich aufzurichten. Etwas Sinnvolles zu finden in meinem Leben. Ja, so pathetisch war ich gestimmt.

Mein alter Reflex, dazu ein Buch in die Hand zu nehmen, kam mir selbst alt vor. Vertraut aber althergebracht. Mein ganzes, zehntausendseitiges Rüstzeug konnte mir gestern nicht helfen. Und auch heute waren seine Instrumente untauglich. Ich versuchte es mit Schmerztabletten. Sie halfen dem Kopf, aber erzielten eine gegenteilige Wirkung. Denn was der Kopf an Schmerzraum freigab, füllten andere, noch empfindlichere Zonen sofort aus. Das tat so weh, dass ich den Kopfschmerz wieder haben wollte, was mir mittels Rotwein bis zum Nachmittag auch wieder gelang. Wenn ich auf dem Balkon stand, um zu rauchen, verhöhnte mich das Wetter. So wie es mich schon die letzten Wochen verhöhnt hatte. Vierzehn Grad und Sonne. Wo wir doch auf den zweiten Advent zugingen. Das hätte mich in den letzten Wochen stutzig machen müssen.

Nichts war mehr, wie es sein sollte. Nicht mal das Wetter. Gegen Abend brachte ich den dröhnenden Kopf wieder mit Tabletten zur Raison, um ihn nachts mit Rotwein erneut auf Schmerzreise zu schicken. Ich zündete gegen das eine Feuer ein Gegenfeuer und gegen das erste Gegenfeuer ein weiteres. Freitagabend endlich löschte der Schlaf alle Brände und ließ mich in Morpheus' Arme fallen.

Es war Samstagmittag, als mich ein Klopfen an der Tür weckte. Ich hatte fast sechzehn Stunden geschlafen und war nur einmal in heller Panik aus einem schrecklichen Traum aufgewacht. Ich verspürte seit Tagen nicht die geringste Lust auf Besuch und hatte vorsorglich meine Klingel abgestellt. Franziska würde es nicht sein, die da an eine Tür klopfte, die sie für immer hinter sich geschlossen hatte. Blieb nur Hupe. Und der sollte heute einfach wieder ins Erdgeschoss verschwinden. Ich öffnete ihm, um genau das zu sagen. Er trug eine sehr unruhige Miene. Er schien in Sorge um mich.

„Mann, ick hab's kaum ausjehalten, aber ick dachte, spätestens mittachs kann ick ma kieken, wie it dir jeht."

„Was soll schon sein, Hupe, ich habe schlecht geschlafen."

„Dit weeß ick doch."

„Woher willst du das wissen? Du warst heut Nacht ja nicht hier."

„Doch, war ick, jenau hier, vor deina Tür."

„Was machst du nachts vor meiner Tür?"

„Horchen, ob it dir jut jeht."

„Weshalb sollte es mir nicht gutgehen?"

„Weil Franziska am Mittwochabend heulend an mir vorbei ausm Haus jestürmt is. Und weilde mit offnem Fenster jeschlafen hast."

„Das mache ich meistens, wenn das Wetter es zulässt."

„Aber nur deshalb hab ick dir jehört. Meen Fenster war ooch offen. Ick hab gerade ne DVD von nem Helene-Fischer-Konzert jekiekt, als deine Schreie kamen."

„Meine Schreie?"

„Ja, du hast jeschrien, als ob der Teufel hinta dir her is. Dit jing durch Mark und Bein. Da bin ick hochjerannt, aba hier vor der Tür war allet wieder ruhig. Jeht's dir wirklich jut?"

„Nein, mir geht's beschissen."

„Komm, lass mich ma rin. Ick koch dir nen Kaffe."

Ich hatte keine Chance. Hupe wand sich durch die halbgeöffnete Tür und an mir vorbei in die Küche. Ohne zu fragen, räumte er das Geschirr in die Spülmaschine, was noch von Franziskas und meinem letzten Abendessen auf dem Tisch stand. Dann reinigte er die Bialetti und kochte neuen Kaffee. Dabei taxierte er mich mit Blicken, wie sie ein Sechzehnjähriger von seinem Vater kennt, wenn der Junge zum ersten Mal Liebeskummer hat.

„Hupe, guck nicht so mitleidig. Ich hab nur schlecht geträumt."

„Wat haste denn jeträumt?"

„Das geht dich nichts an."

„Kann sein, aba meene Mutta hat imma jesagt, die schönen Träume, Junge, behalt für dich und trag se im Herzen, die schweren aber, die musste teilen."

Dann hielt Hupe erst mal den Mund. Wir tranken einen Espresso. Dann holte Hupe Werkzeug, schloss endlich meine Spülmaschine an und startete sie, obwohl nur Geschirr und Besteck von einer Mahlzeit darin standen. Ich war ihm dankbar, musste ich so doch nicht die Reste dieser Henkersmahlzeit davonspülen. Sehenden Auges und Krümel für Krümel. Nach einer Stunde setzte er sich wieder zu mir an den Tisch.

„Danke", sagte ich.

„Jerne", sagte Hupe. „Und, wat haste jeträumt?"

„In dem Traum wollte ich aufstehen, aber es ging nicht. Ich konnte nur den Kopf heben und hab meine Füße gesehen. Immer wieder versuchte ich es, aber es ging nicht und dann sah ich, warum. Sie waren aus Stein, wie bei einer Statue. Und die Versteinerung kroch meine Beine hinauf, meinen Rumpf, meine Arme, immer schneller. Kurz bevor mein Kopf dran war, bin ich aufgewacht."

„Oh Mann, da hätt ick ooch jeschrien."

„Das ist tröstlich, Hupe, vielen Dank."

„Kannste mir glooben, ick hatte ooch schon schlimme Träume. Nich so, wie soll ick sagen, lähmend, aber ooch schlimm. Aber ick hab diese Träume immer jeteilt."

„Mit deiner Mutter?"

„Als Kind schon, aber später mit Astronette."

„Mit wem?"

„Mit Astronette."

„Wer ist Astronette?"

„Die kenn ick noch von meener Ausbildung Ende der Achtzijer in Jüterbog. Da hab ick Landmaschinenschlosser jelernt und sie war da Melkerin."

„Und die heißt wirklich Astronette?"

„Nee, die heißt eijentlich Jeannette Wieland."

„Und als Melkerin ist sie natürlich geradezu prädestiniert dafür, schlechte Träume zu hören. Wird da nicht die Milch sauer?"

„Nee, nich deswejen, die hat ihr Hobby zum Beruf jemacht. Träume und Sterne deuten, wahrsagen und so, deshalb hat se ooch aus Jeanette ‚Astronette' gemacht."

„Wie fantasievoll."

„Der Name spielt doch keene Rolle. Wichtich is, dass se wat kann. Und die hat oft recht behalten."

„Aha, hat sie vorausgesagt, dass die Kühe morgen wieder Milch geben?"

„Quatsch, dit mit Astronette und der professionellen Wahrsajerei kam viel späta. Die hat schon viele Dinge vorher jewusst. Die konnte einem echt helfen. Die hat zum Beispiel ihrer besten Freundin schon zwee Jahre vorher die Scheidung von ihrem Mann vorherjesagt. Und nem FDP-Abjeordneten aus Düsseldorf schon een Jahr vorher den Tod von Möllemann. Ach ja, und dem Bürjermeister von Mühlberg dit Elbe-Hochwasser 2002."

„Großartig. Klingt wie jemand, der einem echt helfen kann."

„Kann die wirklich, ick wollte nur mal nen paar bekannte Ereignisse erwähn. Mir hat se jesagt, als ick ma Haarausfall hatte, dass dit wieda wegjeht und ick keene Glatze krieje. Da zum Beispiel hatte ick nachts jeträumt, dass Britta – hier aus dem Friseursalon ‚Wohair?', kennste vielleicht – dass also diese Britta mich auslacht, als ick eenen Termin hatte, und sacht: ‚Wat solln wa denn da noch schneiden? Ist doch allet schon weg!' Und dass meen Sohn een Junge wird, wusste sie ooch vorher. Und als ick ma Schwierigkeiten beim Wasserlassen hatte –"

„Danke, Hupe, das reicht. Ich versteh schon. Das ist ja sehr hilfreich für dich."

„Dit könnte it für dich ooch sein. Und du hast Glück, oder vielleicht isset Schicksal – sie is die Tage in unsrer Nähe. Sie jastiert grade uffm weihnachtlichen Mittelaltermarkt in Königs Wusterhausen. Is nur eene Stunde von hier."

„Hupe, das ist echt lieb von dir, aber ehrlich, so ein Hokuspokus – Wahrsagerin, Mittelaltermarkt – das wird mir nicht helfen."

„Dit weeßt du doch jar nich. Ick fahr dich da hin, wir jehen über den Mittelaltermarkt und essen wat Jutet. Und denn redeste ma mit ihr. Wenn ick dabei bin, kommste sofort dran."

„Hupe, das ist wirklich, und das meine ich ehrlich, sehr nett von dir. Aber schon die Vorstellung von einem Mittelaltermarkt treibt mir die Fußnägel hoch."

„Wieso denn ditte? Da is immer wat los, leckeret Essen, viel Show und een Haufen Leute in tollen Kostümen."

Und dann redete ich mich in Rage. „Hupe, ein Mittelaltermarkt ist ein Hort historischer Unwahrheiten, wo alle ein Schwert tragen, obwohl dies im öffentlichen Leben des Mittelalters in den meisten Gebieten entweder verboten oder nur wenigen Edelleuten erlaubt war. Eine Amüsiershow, wo man so tut, als wären die Menschen im Mittelalter davon ausgegangen, die Erde sei eine Scheibe, obwohl längst Seewege nach Asien diskutiert wurden und wo rothaarige Frauen von Rittern vor dem Scheiterhaufen bewahrt werden, obwohl die Inquisition erst in der Frühen Neuzeit auftrat. Dazu noch der Glaube, eintausend Jahre Geschichte in den unterschiedlichsten Regionen Europas an zwei, drei Tagen zum Leben zu erwecken, Hupe, das ist nur Folklore und zeigt niemandem, wie die Menschen im Mittelalter wirklich gelebt haben."

„Mann, du hast echt ne Scheißlaune. Aba wen außer dir stört dit denn?"

„Wie meinst du das?"

„Na wen dit stört, dass it nich wirklich so war? Die Leute ausm Mittelalter sind doch alle tot. Bekommt von denen, die damals jelebt haben, doch keener mehr mit."

„Hupe, das ist einfach ein Blödsinn, den ich nicht aushalte. Tut mir leid."

„Ick gloobe, dit Einzije, wat du grade nich aushältst, ist, dass Franzi weg is. Wenn du deswegen lieba hier die Wand ankieken und die janzen Idioten draußen vafluchen willst, denn mach dit. Ick würd dir jern helfen und bei Astronette hat's bei mir schon jeklappt. Und die ist gerade nur eene Stunde weg von hier. Kann Blödsinn sein, wie de so schön sagst, aba ooch Schicksal. Bleib hier hocken, schrei rum, lies dich noch schlauer, mach watte willst. Aber vielleicht duschste ooch einfach schnell, ziehst dir wat an und denn den Stock ausm Arsch. Ick fahr dich hin und werde keener Menschenseele verraten, dass de dich uff die Idioten da draußen einjelassen hast."

Dann war es schon wieder still in meiner Küche. Erst mit Franziska, jetzt mit Hupe. Diese neue Art der Stille war furchtbar. Und das für mich, der ich das immer geliebt hatte. Meine Feierabendstille. Meine Lesestille. Wie bei einem Sechzehnjährigen, der mit seinem Vater über den ersten Liebeskummer reden muss, bildete sich ein Kloß in meinem Hals. Und wie ein Sechzehnjähriger ging ich zum Heulen aufs Klo. Ich duschte, zog mir frische Sachen an und nahm meine Jacke vom Haken.

„Hupe, komm, lass uns fahren."

Am Eingang des Mittelaltermarktes standen zwei Ritter in voller Kampfausrüstung und kassierten sechs Euro Eintritt pro Person. Hupe zahlte für uns beide. Dutzende Händler bildeten mit ihren Ständen verwinkelte Gassen und wir schoben uns durch die Fülle an Besuchern. Ein Schmied bot uns an, bei ihm ein Hufeisen und damit unser eigenes Glück zu schmieden, jemand wollte uns mittelalterliche Schokolade verkaufen und es gab an allen Ecken Met zu kaufen. Ein Getränk der Antike, das die Römer durch ihre Eroberungen in Kleinasien nach Europa gebracht hatten, das im Mittelalter aber von Bier und Wein verdrängt wurde. Ich störte mich einfach nicht dran und stapfte Hupe hinterher, der mich zu einem Zelt führte.

Der Eingang war mit Glasperlen verhangen und Hupe bedeutete mir zu warten. Dann verschwand er unter dem klingelnden Schmuck hindurch ins Zelt. Während ich wartete, sah ich dem Finale eines Markttheaterstückes zu, in dem Gustav Adolf von Schweden Söldner für den großen Krieg suchte. Ich sagte ihm nicht, dass er mindestens einhundertfünfzig Jahre zu spät dran war, um sich noch im Mittelalter zu befinden. Ich blieb einfach still und wartete darauf, das Zelt zu betreten. Meine

Kopfschmerzen waren weg. Dann kam Hupe wieder.

„So, Astronette is jetz so weit. Jeh ma rin, ick jeh solange nen Met trinken."

„Mach ich Hupe, bis gleich."

Dann trat ich ein. Astronette saß an einem Tisch, der mit rotem Samt bespannt war, und lächelte mich an. Sie trug ein Kopftuch, viele Ketten und Armreifen, und es roch nach Räucherstäbchen, dem Weihrauch der großen asiatischen Weltreligionen. Was für eine Farce.

„Hallo", sagte ich.

„Hallo", sagte Astronette und deutete auf den freien Hocker ihr gegenüber.

„Warum bist du hier?", fragte sie.

„Hupe hat mich überredet."

„Dann kannst du gleich wieder gehen. Nur wenn du selbst etwas über deine Zukunft wissen willst, lese ich in deiner Hand."

„Naja, Hupe meint, ich soll es mal versuchen und da dachte ich, na gut, versuch ich es mal."

„Du tust das Hupe zuliebe?"

„Ja, oder eigentlich nein. Ich weiß eigentlich nicht, warum."

„Möchtest du etwas wissen über deine Zukunft?"

„Ich glaube, ich kenne sie schon. Auch wenn sich etwas ändert. Am Ende bleibt alles, wie es ist."

„Möchtest du, dass alles bleibt, wie es ist?"

„Ich habe mein Leben lang dafür gesorgt, dass es so bleibt. Und als ich nicht mehr dafür sorgen konnte, haben die Dinge einen anderen Lauf genommen. Aber nur kurz. Jetzt bleibt in meinem Leben eben alles wie gehabt."

„Das kann nicht sein. In keinem Leben bleibt alles, wie es ist."

„Aha, und was passiert bei mir?"

„Um dir das zu sagen, müsstest du bereit sein, auch eine schlechte Veränderung hören zu können. Und ich kann dir nicht sagen, was genau sich verändert. Ich kann dir nur sagen, welche Kräfte sich bei dir verschieben. Wann genau, das sehe ich nicht."

„Gut, versuchen wir es."

„Gib mir bitte deine linke Hand."

Ich gab sie ihr und sie besah sie lange. Sie betrachtete meine Hand, fuhr ihre Linien entlang, ohne einmal zu blinzeln. Ihre Hände waren sehr schön. Sehr schmal, sehr weich. Die Kühe in der LPG Jüterbog müssen früher sehr glücklich gewesen sein. Es dauerte eine Ewigkeit, ohne dass mir dabei langweilig geworden wäre oder mich irgendetwas abgelenkt hätte. Als sie fertig war, sah sie mich mit festem Blick an und lächelte.

„Du hast eine sehr starke Kopflinie und sie verläuft parallel zu deiner schwächeren Lebenslinie. Eine lange Zeit gehen die Linien in gleichem Abstand nebeneinander her. Dein Kopf hat immer die Kontrolle übernommen und bei den meisten Menschen bleibt das so. Aber so etwas wie bei dir habe ich selten gesehen. Deine Lebenslinie gabelt sich. Die eine Gabelung sucht weiter die Nähe zur Kopflinie und bleibt schwach, die andere knickt plötzlich ab und bekommt auf ihrem Weg Tiefe und Struktur. Beide Wege kannst du gehen. Es kommt aber der Punkt, da musst dich entscheiden."

Das ließ sie so stehen, bis ich fragte: „Wann es so weit ist, kannst du mir aber nicht sagen?"

„Nein, das kann ich nicht. Vielleicht ist der Punkt schon überschritten, vielleicht bist du gerade dort, vielleicht kommt er noch. Ich weiß es nicht."

„Ich danke dir. Was bin ich dir schuldig?"

„Nichts, das hat Hupe übernommen. Er meinte, für Folklore gibst du kein Geld aus."

„Nun, in diesem Fall ..."

„Lass es gut sein. Es ist alles beglichen."

„Dann geh ich mal und geb Hupe einen Met aus, einen Römertrank."

„Und den Trank Karls des Großen. Auch wenn Wein und Bier im Mittelalter häufiger waren. Der Frankenkönig hat um das Jahr eintausend noch verfügt, dass in einer guten Landwirtschaft Honig und Met vorgehalten werden sollten."

„Tatsächlich? Das muss ich noch mal nachlesen."

„Das musst du nicht, man darf sich auch mal irren."

„Danke", sagte ich und, „auf Wiedersehen."

„Auf Wiedersehen?“, fragte Astronette. „Das glaube ich nicht. Leb wohl.“

Draußen war es noch voller geworden und in allen Gassen brannten Fackeln. Es war plötzlich sehr kalt.

Ich fand Hupe am nächsten Met-Stand und bestellte gegen die aufkommende Kälte auch einen. Er sagte nichts und fragte nichts. Wir tranken aus und gingen zum Auto. Als wir losfuhren, begann es zu schneien. Wir fuhren ohne ein Wort zurück in die Lichter Berlins. Vor Hupes Tür sagte ich: „Danke, Hupe, ich weiß nicht, was ich sagen soll.“

„Dit macht nüscht, komm jut nach oben“. Dann ging er in seine Wohnung.

Als ich meine Wohnungstür aufschloss, hätte ich fast den kleinen, engbeschriebenen Zettel übersehen, der mit einer Reißzwecke befestigt an meiner Tür hing. Ich wähnte mich im Met-Rausch, aber da stand wirklich:

Dein Licht ist aus, deine Tür ist zu. Selbst deine Klingel reagiert nicht mehr auf mich. Ich wollte zu dir und verstehe, wenn du das nun nicht mehr willst. Meine Angst hat mir einen schlechten Rat erteilt. Ich hätte nicht weglaufen sollen. Vielleicht bist du ja unterwegs und findest diese Zeilen heute Abend. Wenn du bereit wärst, mich wiederzusehen, obwohl du meine größte Schwäche schon kennst, dann wäre ich glücklich und nicht so allein mit den drei Flaschen Rotwein, die ich bis zum Morgengrauen trinken werde. Meine Klingel bleibt an.

Franziska.

Es schien zu stimmen: In keinem Leben bleibt alles, wie es ist. Ich zog die Tür wieder zu und ging los, um Rotwein zu trinken.

Auf dem Weg zu Franziska fror ich wie ein Schneider. Meine Jacke war zu dünn, meine Schuhe vom Schnee durchnässt und meine Hose war an ihren feuchten Enden bereits gefroren. Ich lief trotzdem bis zum Ende der Prinzenallee, wo ich eine Straßenbahn erwischte.

Halberfroren drückte ich auf Franziskas Klingel und bekam den Türsummer zur Antwort.

Ich vergaß, den Lichtschalter zu drücken und lief im dunklen Treppenhaus so lange aufwärts, bis der Lichtschein aus einer offenen Tür auf den Absatz fiel. Franziska hielt sich am Türrahmen fest. Die Trauer in ihrem Gesicht leistete der Freude über meine Ankunft noch kurz Widerstand.

Dann lagen wir uns wortlos in den Armen, bis sie flüsterte: „Verzeih mir, bitte, verzeih mir. Ich hab es nicht so gemeint."

„Doch!", sagte ich. „Das hast du."

„Ich wollte dir aber nicht weh tun."

„Das weiß ich. Und dass es weh tut, ist nicht deine Schuld."

„Das wollte ich trotzdem nicht. Ich kann nicht erwarten, dass du mir zuliebe nach nicht mal einer Woche deinen Job hinschmeißt. Dass du überhaupt etwas mir zuliebe tust. Mir nahezukommen sollte für den Anfang reichen. Ich hatte aber plötzlich solche Angst. Angst, dass es mir weh tut."

„Ich mache es trotzdem."

„Was?"

„Meinen Job sausenlassen. Aber mir zuliebe."

„Es fällt mir schwer, das zu glauben."

„Das fällt es mir auch. Aber ich habe mich entschieden."

„Wann?"

„Gerade eben. Als ich dich gesehen habe und das Licht aus deiner Wohnung in den dunklen Flur gefallen ist. Ich habe keine Ahnung, wie es weitergehen soll. Aber das macht mir weniger Angst als die Vorstellung rückwärtszugehen."

„Dann geh mal vorwärts und zieh die nassen Sachen aus. Das Bad ist hinter der zweiten Tür rechts."

Während ich mich auszog, ließ mir Franziska eine Wanne ein. Ich stieg hinein. Dann zog sich Franziska ihre trockenen Sachen aus und kam dazu. Mein Kopf war von allen Schmerzen befreit. Von allen.

Task-Force-Holger, Silvester und der Schöne Hans

Am nächsten Morgen hätte ich beim Troll vorsprechen müssen. Doch ich lag in Franziskas Bett und betrachtete ihr Zimmer. Hier stand neben dem Bett nur ein Kleiderschrank, ein schöner aus Kirschbaum, ich schätzte ihn auf Anfang des zwanzigsten Jahrhunderts, und ein Sekretär ungefähr gleichen Alters, auf dessen Platte sich Papier neben einem Laptop stapelte.

Sie selbst war nur zu hören, während sie duschte. Mit einem Handtuch in den Haaren kam sie zurück, kroch an mich heran und entschuldigte sich. „Ich muss jetzt in die Uni. Bleib doch hier liegen, bis ich wieder komme. Das kann aber bis heute Nachmittag dauern. Im Wohnzimmer sind ein paar Bücher. Ich fürchte allerdings, du kennst sie schon alle. Aber der Rechner ist an und einen Fernseher habe ich auch. Ach so, und im Kühlschrank sind noch Obst, Eier und Käse, falls du Hunger bekommst. Oh Mann, ist das komisch alles. Bist du noch da, wenn ich komme?"

„Ja, natürlich. Sonst wartet heute keiner auf mich."

„Schön. Also wunderschön. Also toll. Ach, das klingt so bescheuert. Ich freue mich auf nachher."

„Bis später."

Franziska zog sich an und schob sich rückwärts am Türrahmen vorbei in den Flur. Dann fiel die Tür ins Schloss. Meine Sachen waren immer noch ein nasser Haufen im Bad. Ich hängte sie über den Handtuchtrockner und zog mir Franziskas Bademantel an. Dann ging ich ins Wohnzimmer, taxierte ohne Neugier das Bücherregal und sah aus dem Fenster. Es schneite noch immer. Dann setzte ich mich an Franziskas Rechner und rief die Besttext-Webseite auf. Hier war ich bereits verschwunden. Ich überlegte, wer von den Wenigen, die genügend Rechte besaßen, die Webseite zu pflegen, den Auftrag vom Troll bekommen hatte, mich zu löschen. Und wer meinen Titel *Director of Projects* erben würde.

Ich versuchte danach, meine dienstlichen E-Mails abzurufen, aber mein Zugang war schon gesperrt. So hatte ich heute nichts zu tun und vertrieb mir die Zeit mit Kaffeekochen, mit der Zeitung von gestern und vorgestern, mit Toastbrot toasten. Dazwischen betrachtete ich durch verschiedene Fenster die Wetterlage. Der Hof zwischen Vorder- und Hinterhaus war so gut geräumt, dass niemand einen Wintereinbruch daraus hätte ablesen können. Die Straße vorm Haus dagegen zeigte, welches Überraschungsmoment ein Anfang Dezember tatsächlich eintreffender Winter für die Organe einer Großstadt bedeutete.

Ich verlor die Tageszeit aus den Augen. Mal schlief ich ein bisschen, mal briet ich mir ein Spiegelei und wusch Pfanne, Besteck und Teller wieder ab. Ich sah nicht einmal auf die Uhr. Dann hörte ich den Schlüssel in der Tür. Franziska kam nach Hause und ich stand in ihrem Bademantel im Bad, wo ich meine Unterhose vom Handtuchtrockner nahm.

Sie musste sich sehr beeilt haben.

Am nächsten Morgen machte ich mich auf den Weg nach Hause. Mir war nicht danach, aber ich brauchte frische Sachen und musste mir Gedanken um meine berufliche Zukunft machen. Außerdem konnte ich von früh bis spät lesen. Mir würde sicher nicht langweilig werden, doch ich war unsicher, wie genau die nächsten Tage aussehen sollten. Franziska sagte mir beim Gehen, ich solle das Ganze wie einen Urlaub sehen, aus dem man nicht mehr zurückkommt. Ich nahm Urlaub von allem, was bis vor kurzem unersetzbar war. Es war Advent, aber ich verspürte keine Lust, Sterne in die Fenster zu hängen. Ich spürte auch, dass ich die Tradition auslassen würde, an einem friedlichen Adventsabend Dickens Weihnachtsgeschichte zu lesen.

Und gleich, als ich zu Hause ankam, warteten neue Aufgaben auf mich. Kwaku stand gerade vor dem Haus und begrüßte mich.

„Guten Morgen, Herr Schlau-Schlau. Ich wollte dein Päckchen gerade bei Holger deponieren. Aber jetzt bist du ja doch da. Hier, für dich."

„Danke, Kwaku!"

„Wo warst du denn gestern? Der Stöber-Shop macht sich Sorgen. Es war Montag und du warst nicht da."

„Stimmt, das hab ich ganz vergessen. Ist Holger gestern auf dem Tagesspiegel sitzengeblieben?"

„Heiner hat ihn bekommen. Heute auch. Er redet jetzt davon, welch guten Einfluss du auf den Laden hast. Eben hat er den anderen ein Interview mit dem Synchronsprecher von Robert de Niro vorgelesen. Tietz hat andächtig zugehört."

„Oh, je. Dann reißt er ab sofort Robert-de-Niro-Witze."

„Lass dich überraschen."

„Danke, Kwaku. Ich schau bald wieder rein."

Das Päckchen war klein, gerade groß genug für ein Buch. Eins meiner eigenen Bücher lag darin. Enrico hatte mir *Gullivers Reisen* zurückgeschickt und einen kurzen Brief geschrieben.

Lieber Herr Schlau-Schlau, ich danke dir, dass ich das Buch haben durfte. Es ist toll und ich habe es schon zweimal gelesen. Aber bestimmt fehlt es dir langsam in deiner Bibliothek. Falls du noch eins hast, das mir gefällt, schick es mir bitte. Du bekommst es auch wieder. Versprochen.

Viele Grüße, Enrico

Da hatte ich gleich etwas zu tun. Ich ging eine Weile in der Bibliothek auf und ab, nahm *Alice im Wunderland*, *Robinson Crusoe* und *Das Dschungelbuch* in die Hand und überlegte. Sie waren alle geeignet, aber eines, fiel mir ein, war noch geeigneter. Und ich könnte meine Tradition dieses eine Mal in andere Hände legen. Ich legte Dickens Weihnachtsgeschichte in das Paket, in dem eben noch *Gullivers Reisen* gelegen hatte, adressierte es an Enrico und ging zu Holger.

„Ah, Herr Schlau-Schlau. Gut, dass du kommst", intonierte Tietz. „Kermit, der Frosch, hat gerade angerufen. Er will seine Stimme wiederhaben."

Falko und Holger schüttelten sich vor Lachen und Heiner war wie immer schwer enttäuscht von ihnen. Als sich alle wieder beruhigt hatten, fragte mich Holger: „Wo warst du denn? Wir haben uns Sorgen gemacht. Selbst Hupe hat dich zwei Tage nicht gesehen. Und was machst du hier um diese Zeit?"

„Ich bin arbeitslos. Seit zwei Tagen."

„Willkommen im Klub", äußerte sich Heiner.

Holger nahm mich in den Arm. Alle nickten mir bedeutungsschwanger zu.

„Hast du schon alles organisiert?", fragte Holger.

„Äh, nein, was meinst du?"

„Na, Arbeitsagentur und so."

„Nein, ich weiß erst seit ein paar Tagen Bescheid."

„Lass nicht zu viel Zeit vergehen. Das rächt sich, glaub mir!"

„Aber doch nicht nach zwei Tagen, oder?"

„Komm, setz dich mal hin. Wir erklären dir das."

Die folgenden zwei Stunden befand ich mich in einer Art Prekariats-Think-Tank, der meine Zukunft als Zuwendungsempfänger plante. Es sah nicht gut für mich aus. Doch jeder Denker in diesem Kreis fand eine andere Tür für mich, dem Schlamassel noch zu entrinnen. Jeder in dieser Runde hatte einmal eine Tür zugeschlagen, die im Nachhinein aber die einzig richtige gewesen wäre. Vor diesem Fehler wollten sie mich bewahren, damit ich nicht so werden würde wie sie.

Ich fand nicht, dass es an ihnen etwas auszusetzen gäbe, aber sie ließen mich nicht durchkommen mit diesem Kompliment. Sie beackerten mich so lange, bis ich mir die nächsten Schritte, die Namen, E-Mail-Adressen und Durchwahlnummern von weniger harten Mitarbeitern der Arbeitsagentur notiert hatte. Sie ließen mich nicht gehen, ohne das Versprechen, mich noch heute um die ersten Angelegenheiten zu kümmern.

„Intelligenz", sagte Heiner zum Abschied. „Intelligenz oder Bildung oder ein guter Stallgeruch, Herr Schlau-Schlau, bewahren dich nicht vor der Verzweiflung. Deine Lorbeeren von heute sind schon morgen der Kompost im Garten deines Lebens! Aus so einem Satz hätte ich früher sofort ein Lied gemacht, aber dafür reicht es schon lange nicht mehr."

Ich dankte allen und gab Holger mein Päckchen. „Der Tagesspiegel,", sagte er, „der geht auch aufs Haus, falls es bald eng wird."

Der Weg nach Hause war kurz und ich setzte mich sofort an

meinen Rechner, um zu recherchieren, was ich tun musste, um Geld vom Staat zu bekommen. Ich las etwas von sechzig Prozent meines letzten Gehaltes und von der Bewerbungspflicht bei Jobangeboten. Es war mir eine sehr fremde Lektüre, aber ich war bereit, diesen Weg zu gehen. Dann klingelte mein Handy. Das Display zeigte mir, dass Sabine Höhl von Kidsplay auf meinem privaten Handy anrief.

„Sabine, hallo, wie geht es dir?"

„Das frage ich wohl besser dich. Was ist los? Herr von Rollheim meint, du seist ‚weitergezogen' und nicht mehr länger im Unternehmen beschäftigt. Du hast dich selbstständig gemacht, oder?"

„Das könnte man so sagen, ja."

„Und warum kündigst du uns das nicht an? Wir haben Dezember und verplanen den Etat vom BMBF. Da wüsste ich schon gern, wo mein Ansprechpartner sitzt."

„Der sitzt gerade zu Hause und hat Urlaub."

„Das sei dir gegönnt. Aber ich muss dich privat anrufen, um das rauszufinden und zu erfahren, dass du nach fünfzehn Jahren die Agentur verlässt."

„Ich hätte mich noch gemeldet."

„Wie schön, das hätte mir aber nur sehr wenig geholfen. Ich muss vor Weihnachten das Budget einreichen und wollte im nächsten Jahr allein bis Juni zwei Projekte bei euch platzieren. Ich brauche Headlines und Texte für ein Portal für jugendliche Migranten und zwei PRs im Monat für den Newsletter. Kannst du das übernehmen?"

„Sabine, ich bin nicht mehr bei Besttext."

„Es ist mir herzlich egal, wer die Rechnung schickt. Wenn du noch keinen Namen für die neue Firma hast, dann schick mir deine Steuernummer und wir rechnen zum bestehenden Tarif ab."

„Ich kenn den Tarif nicht."

„Willst du mich verarschen? Ihr rechnet seit Jahren über einen Stundensatz von zweihundert Euro ab. Das kann ich auch nicht mehr verhandeln."

Der Troll war einfach ein Fuchs und ich offensichtlich ein naiver Idiot. Ich errechnete meinen Stundenlohn der letzten Jahre und

kam auf knapp dreißig Euro.
„Wie viele Stunden habt ihr im Monat budgetiert?“
„Je nach Aufwand, aber bis Juni mindestens hundert Stunden. Du hast wahrscheinlich längst andere Aufträge, aber ich kann wirklich nicht mehr als zweihundert Euro rausholen. Das sind ja Steuergelder, die wir bekommen. Bitte sag ja, ich habe dich schon als Projektmanager mitverkauft.“
„Das Geld ist schon in Ordnung, Sabine. Ich muss mich nur erst mal sortieren.“
„Das verstehe ich doch.“
„Vielleicht aber auch nicht. Ich bin nicht mehr bei Besttext und nicht mehr vierzig Stunden im Büro.“
„Kein Problem. Wir bekommen das hin, auch wenn wir dich nicht mehr jeden Tag erreichen. Eine wöchentliche Telefonkonferenz und ein weiterer Tag, an dem wir dich erreichen können, das sollte genügen. Die Abgabetermine haben wie immer etwa zwei Wochen Vorlauf. Bleiben dir drei Tage und das Wochenende, um dich zu sortieren.“
„Okay, einverstanden. Bis Juni machen wir das erst mal.“
„Und gern darüber hinaus, wenn du willst.“
„Einverstanden, Sabine. Vielen Dank.“
„Ich habe zu danken.“
„Nein, ich. Aber das erkläre ich dir, wenn wir uns das nächste Mal sehen.“
„Gern. Mail mir mal deine Anschrift und deine Steuernummer. Dann schicke ich heute noch den Vertrag raus.“

Als Franziska am Abend kam, stand mein Leben auf dem Kopf. Ich hatte den Tag nicht zum Lesen genutzt, sondern war durch die verschneiten Parks gelaufen, bis ich durchgefroren war. Dann richtete ich mir meinen Schreibtisch für die kommende Arbeit ein und kaufte Dinge für ein Abendessen zu zweit. Ich hatte Sehnsucht nach Franziskas Gesellschaft. Danach, ihr von dem zu erzählen, was heute passiert war. Von so normalen Dingen wie einem Auftrag, wie ein paar Tannen voll Schnee, wie vom Warten auf jemanden bei einer Kanne Tee.

„Vielleicht“, sagte Franziska, „steht dein Leben gar nicht auf dem Kopf.“

„Sag jetzt nicht, vielleicht steht es jetzt endlich auf den Füßen. Das würde meine Mutter nämlich sagen.“

„Sie scheint eine kluge Frau zu sein.“

„Unbenommen. Das ist sie. Aber lass mir das Gefühl, kopfüber zu hängen, noch ein bisschen. Mir wird so schön schwindelig davon.“

Das Schöne war, dass dieser Schwindel blieb. So wie der Schnee auf den Straßen. Und er blieb auch, als der Schnee wieder schmolz. Er blieb wie Franziska und er blieb wie auch Hupe. Es gab keinen gewohnten Rhythmus mehr, kein Tag glich dem andern. Mal musste ich arbeiten, mal las ich ein paar Stunden. Mal war Franziska da, mal ich bei ihr. Ich kaufte bei Hupe einen Tisch und vier Stühle für die Bibliothek und lud mir Litfaßsäule, Müller und Konrad zum Doppelkopfspielen ein.

Hupe kam donnerstags mit ins Stilbruch und ich saß an manchem Abend bei Holger und trank Goldkrone. Wir hörten Schlager-CDs, die der ominöse Franky frisch für die Runde zusammengestellt hatte und an manchen Abenden tauchte der Schöne Hans auf.

Der Schöne Hans war irgendwann im Jahr 1990 in Rostock von seiner letzten Fahrt der DDR-Handelsflotte von Bord gegangen. Nach zwanzig Jahren Fahrenszeit war er damals und bis heute an Land nicht wirklich angekommen. Niemand wusste, was er seit der Wende gemacht hatte, niemand, warum er bei uns gelandet war. Aber jeder im Viertel kannte den Schönen Hans, der einmal sehr schön gewesen sein musste. Der Mario Adorf unter den DDR-Matrosen. Dessen Schönheit noch immer unter den vielen Jahren auf der Straße hervorschien. Dessen Charme immer noch aufblitzte, wenn er sich vorm REWE eine Tüte Pfandflaschen oder einen Einkaufswageneuro erbat.

Wenn Hans nicht neben sich stand, dann saßen wir am Tisch vom Stöber-Shop. Ich gab ihm ein, zwei oder viele Bier aus und er rauchte meine Zigaretten. Er begann zu erzählen und nahm mich mit nach Havanna, nach Tripolis oder nach Da Nang.

In jedem sozialistischen Hafen der Welt war seine Schönheit berühmt, in jedem kapitalistischen berüchtigt gewesen. Unzählige Frauen waren ihr verfallen, unzählige Hänschen waren ihr entsprungen, aber nur eine war seiner Schönheit ebenbürtig – die See.

Nur in ihrem Angesicht war der Schöne Hans einfach nur der Hans. Wenn Hans aber neben sich stand, dann hielt er sich mühsam am Türrahmen fest, bat um einen letzten Schnaps für heute und wankte in sein Zuhause, ins Vogelhaus, ein nach der Wende stillgelegter und seitdem verfallener Kiosk auf einem Brachgrundstück um die Ecke. Fenster und Türen waren vernagelt, es regnete hinein, aber Hans hatte hier eine trockene und warme Ecke für sich gefunden.

Auf der Brache standen einige alte Apfelbäume, ein großer Ahorn, eine Platane und eine sehr alte Trauerweide. Der Kiosk hieß Vogelhaus, weil sich im Frühjahr und Sommer in den umliegenden Bäumen Singvögel breitmachten. Meisen, Stare, Amseln, Rotkehlchen und Kleiber. Sie saßen auf den verrosteten Dachrinnen des Kiosks und sangen ihre Lieder. Und unter diesem Dach schlief der Schöne Hans seinen Rausch aus, bis er Zeit hatte, sie zu füttern. Die Zugvögel nur im Sommer, die Dauergäste auch im Winter. Denn das Einzige, was ihm je auf See gefehlt hatte, waren die Vögel gewesen. Sie waren Hans' Geistesbrüder, frei wie der Fisch im Wasser, frei wie das Meer und an keinen festen Ort gebunden, wie ein Matrose. So kamen all die Heimatlosen an einem Ort zusammen. So war der Kiosk zum Vogelhaus geworden.

Die Tage zogen in absurdem Tempo ins Land. Plötzlich stand Weihnachten vor der Tür. Meine Eltern hatten mich eingeladen, aber ich wollte nicht mit dem alten Ensemble auf einer neuen Bühne feiern. Franziska hatte sich bislang nicht eindeutig geäußert, ob sie zu ihren Eltern fahren würde. Holger hatte uns beide zum Heilig-Abend-Spanferkel im Stöber-Shop eingeladen, aber unsere Antwort stand noch aus. Wie so oft in diesen Wochen erledigte sich meine Terminplanung durch ein Klingeln an der Tür und da Franziska mir gegenüber am Küchentisch saß, löste es ihre gleich mit.

„Ick hab gerade mit Enrico telefoniert“, sagte Hupe, kaum dass er Platz genommen hatte. „Er will dieset Jahr Weihnachten bei mir feian. Seine Mutter hat zähneknirschend zujestimmt. Wie soll ick dit anstellen?“

„Kauf einen Weihnachtsbaum, ein paar Geschenke und koch euch was Schönes“, sagte Franziska.

„Ick? Kochen? Weihnachtsbaum? Ick besitze nich ma Baumschmuck.“

„Das lässt sich ja noch organisieren“, sagte ich.

„Ja, aber die Stimmung. Dit Besinnliche. Dit kann ick nich. Ick war die letzten Jahre immer bei Holger Spanferkel essen. Aber dit is doch nüscht für den Jungen.“

„Da gebe ich dir recht“, sagte ich. „Soll ich dir Baumschmuck borgen?“

„Broochste den nich selba?“

„Bestimmt nicht den ganzen. Meine Eltern haben höchstens die Hälfte des Familienarsenals mitgenommen.“

„Dit wär ja een Anfang. Wat macht ihr denn Weihnachten?“

Ich sah Franziska an, die ihre Augenbrauen hob und mit den Schultern zuckte.

„Das wollte ich dich auch schon fragen“, sagte sie zu mir.

„Ich dich auch“, sagte ich.

„Wollen wir hier feiern?“, fragte Franziska.

Ich nickte.

„Wir?“, fragte Hupe. „Wir vier?“

Ich sah Franziska an, die in mein Nicken einstimmte.

„Ja. Wir vier“, sagte ich zu Hupe.

„Ja supa. Da sag ick nich nein. Denn sollten wa morgen einkoofen jehen. Wir haben nur noch vier Tage bis Heilichabend und Enrico kommt schon übamorgen.“

„Gut, Hupe. Wir fahren morgen früh gleich los.“

„Ihr wisst jar nich, wat mir fürn Stein vom Herzen fällt.“

„Uns auch, Hupe. Uns auch“, sagte Franziska und goss mir neuen Kaffee ein.

Wir holten Enrico zusammen am Bahnhof ab. Er drückte uns alle lange an sich, dann gingen wir gleich einen Weihnachtsbaum kaufen. Hupe hatte vorher die Deckenhöhe in der Bibliothek ausgemessen und kaufte die größtmögliche Tanne.

„Damit dein janzer Familienschmuck richtich zur Jeltung kommt“, erklärte er mir dazu. Am Tag vor Heiligabend schmückten Hupe und Enrico den Baum, während Franziska und ich den Kartoffelsalat für Heiligabend vorbereiten. Als alles fertig war, hängte ich mit Enrico noch die Herrnhuter Sterne ins Fenster, zündete die Kerzen am Baum an und dann sah die Bibliothek fast genauso aus, wie in den vergangenen fünfunddreißig Jahren meines Lebens. Ich machte ein Foto und schickte es meinen Eltern mit ein paar Weihnachtsgrüßen.

Am Heiligen Abend kamen Hupe, Enrico und Tony Blair um sechs nach oben. Wir aßen Kartoffelsalat und Würstchen. Früher reichte die vorbereitete Menge immer noch für ein oder zwei Tage, doch Hupe und Enrico ließen diesmal nichts übrig. Dann kamen wir zur Bescherung. Es war ein Wunder, dass wir überhaupt etwas verschenken konnten, da wir eigentlich gar keine Zeit gehabt hatten, etwas zu besorgen. Aber Franziska und ich waren am Vormittag noch einkaufen gegangen. Zuerst bekam Enrico seine Geschenke. Von Hupe einen Umschlag mit Geld, Bettwäsche mit der Skyline von Berlin und einen tanzenden Fernsehturm, der *Das ist die Berliner Luft* spielte. Franziska schenkte ihm eine Uhr und ich ihm *Emil und die Detektive*. Dann verteilte auch Enrico seine Gaben. Hupe bekam von ihm ein gerahmtes Foto von ihm und Tony Blair, Franziska eine Flasche Kröver Nacktarsch und ich eine Kiste Weinbrandbohnen. Hupe hatte ihn hervorragend beraten. Dann bescherte Franziska noch mir und Hupe jeweils einen Fahrradhelm. Das fanden Enrico und sie so lustig, dass sie eine halbe Stunde vor Lachen kaum reden konnten.

Als sie fertig waren, holte ich meine übrigen Geschenke hervor. Franziska bekam ein paar Ohrringe, die sie heute Vormittag entdeckt hatte, die ihr aber zu teuer gewesen waren. Es hatte mich einige Mühe gekostet, Hupe zu erklären, wie sie aussahen und in welchem Laden er sie bitte heimlich kaufen sollte. Aber Enrico war dabei, hatte sicher die richtigen gefunden und sie mir unter einem Vorwand zwei Stunden vorher nach oben gebracht. Franziska war sehr gerührt. Schließlich bekam Hupe noch zwei Karten für ein Helene-Fischer-Konzert im nächsten Jahr von mir. Er war begeistert. Tony Blair schlief unterm Weihnachtsbaum und nahm nicht einmal Notiz von den drei Gummibällen, die er im Laufe des Abends geschenkt bekommen hatte.

Der Letzte, der noch nicht beschert hatte, war dann Hupe. Zuerst packte Franziska sein Geschenk aus. Sie bekam einen Kinogutschein für zwei. „Dit Jeschenk is an keene Bedingung jeknüpft. Also du musst nich mit mir jehn, kannst ooch Herrn Schlau-Schlau mitnehmen."

Und dann war ich an der Reihe. Hupe griff hinter das Lesesofa und holte einen Karton hervor. Es war wieder mal ein Porzellankarton von Rosenthal. Ich befürchtete, dass zum Frühstücksservice, das ich zur Einweihungsparty bekommen hatte, nun die Mittagsteller folgten. Aber der Karton war viel zu leicht, um wirklich Porzellan zu enthalten. Ich riss ihn auf, nahm mein Geschenk heraus und dann war ich es, der gerührt war. Es waren zwei Bände aus der Bibliothek Suhrkamp, zwei Bände mit den Gedichten von Paul Celan. Ich konnte mich nicht erinnern, mich jemals so über ein Geschenk gefreut zu haben. Hupe schloss an diesem Heiligen Abend eine der letzten Lücken in der Bibliothek. Mir war plötzlich so pathetisch zumute, dass ich lieber nichts sagte. Ich war sicher, alle sahen mir meine Freude an.

Es war Weihnachten geworden. Und ich spürte, dass meine Füße wieder zurück auf dem Boden waren.

Die Weihnachtsferien vergingen wie im Flug, auch wenn wir die meiste Zeit zu Hause blieben. Enrico war ab und zu bei mir, war aber mit Lesen beschäftigt. Franziska blieb die ganze Zeit und es fiel mir allmählich schwer, mir vorzustellen, dass sie nicht mehr bei mir sein könnte.

An Silvester waren wir zu zweit und gingen erst um halb zwölf zum Feuerwerk hinüber zu Holgers Stöber-Shop. Drinnen saß Heiner und hörte eine Platte von *Herbst in Peking*. Die anderen

Gäste waren vor der Tür und jagten eine Rakete nach der anderen in den Himmel. Als würden sie im neuen Jahr als Glücksregen auf sie zurückfallen. Es waren um die zwanzig Leute, Frauen und Männer, und Holger schenkte Schnaps in Wassergläsern aus. Der Schöne Hans stand am Stehtisch, blickte in die Nacht und nickte ab und zu vor sich hin. Kurz vor zwölf gab er allen die Hand, wünschte einen guten Rutsch und ging zum Vogelhaus.

„Dem is dit immer zu viel det Juten, dieset Silvester", erklärte uns Hupe. „Der hält so viel Frohsinn nich mehr aus."

Dann trat Enrico neben uns, deutete auf seine neue Uhr und sagte: „Noch fünf Minuten, Papa, dann ist es so weit!"

Hupe gab daraufhin Holger ein Zeichen, der im Laden verschwand und mit einem Tablett Sektgläser zurückkehrte. Sogar Heiner kam vor die Tür. Um null Uhr, als ganz Pankow die aufgesparten Reserven an Feuerwerk auf einmal in die Luft jagte, da lagen sich Franziska und Enrico schon in den Armen und mich umschlossen der Reihe nach erst Holger, Tietz und Heiner, dann ein paar Gäste, die ich noch nicht kannte und schließlich Hupe.

„Ick danke dir, Herr Schlau-Schlau. Ick danke dir."

„Wofür, Hupe?"

„Für dit Weihnachtsfest, für die Jeschenke. Ach einfach für die schöne Zeit mit euch beeden. Enrico jehts jenauso, der kann dit nur nich so ausdrücken."

„Uns geht's auch so, Hupe. Danke."

„Jern jeschehen. Und jetzt: Frohet Neuet. Dit wirdn jutet Jahr, Herr Schlau-Schlau. Viel Veränderung, aber jut."

„Viel Veränderung? Das hatte ich in diesem Jahr schon. Ich hoffe eigentlich, alles bleibt so."

„Ick wünsch it dir. Aba imma mal wat Neuet, dit kann nich schaden."

„Immer mal, Hupe, aber nur immer mal."

Irgendwann kam Franziska auch wieder unter den anderen Gästen hervor und nahm mich in die Arme.

Wir standen lange so und blickten uns um. In die Gesichter der anderen, die vor Kälte, Schnaps und Hoffnung rot leuchteten.

Am Neujahrsabend saßen wir noch einmal am Weihnachtsbaum zum Abschiedsessen für Enrico. Er war sehr still und nickte nur, wenn Hupe wiederholte, dass die Osterferien doch bald kämen.

„Die Zeit vajeht schnella, als de denkst, meen Großa. Und wir telefonieren jeden Tach, wenn de willst."

„Uns kannst du auch immer anrufen", sagte Franziska, aber Enrico ging wortlos zu den Regalen und suchte nach Büchern, die ich ihm ausleihen würde. Dann war es irgendwann Zeit zu gehen. Enrico hatte fünf Bücher gefunden, winkte uns über die Schulter zu und ging mit Tony Blair nach unten. Hupe stand noch kurz vor meiner Tür und atmete tief durch.

„Dit wird jedetmal schwera für ihn, Berlin zu verlassen. Er tut mir echt leid, aba ick kann nüscht machen. So is nu ma dit Sorjerecht jeregelt. Aba, wat solls. Ihr könnt ja ooch nüscht machen. Danke für allet. Bis die Tage."

Sechshundert Fragen und eine Namensgebung

Eine Woche später traf ich Hupe morgens beim Bäcker.

„Na, meen Freund“, sagte Hupe. „Ist die Franzi noch da?“

„Observierst du uns jetzt, Hupe? Die Stasizeiten sind vorbei.“

„Aha, dit stimmt also.“

„Ja, das war aber auch nicht schwer zu erraten, wenn du gestern Abend hinterm Vorhang standest und sie hast kommen sehen.“

„Ick hab jar keene Vorhänge.“

„Dann hast du eben am Fenster gestanden.“

„Hab ick ooch nich, ick war jar nich zu Hause. Ick war bei Franky uffm Schlager-Erotik-Fest in seine Kleinjartenanlage. Dass die Franzi da is, dit hab ick gerade eben erst antizipiert.“

„Aha und wie?“

„Wegen Rita.“

„Wegen Rita?“

„Ja, Rita, die hat heut Frühschicht beim Bäcker.“

„Die kann uns überhaupt nicht gesehen haben.“

„Ne, aba die is sehr sparsam mit den großen Papiertüten.“

„Hupe, willst du mich verarschen?“

„Nee, solange eena bei ihr nur bis zu vier Schrippen kooft, achtet se peinlich jenau daruff, die Schrippen noch in die kleenen Tüten zu kriejen, ab fünf Schrippen jibt se ooch die großen Tüten raus. Und dit in deiner Hand is ne große Tüte – ergo, du hast mehr als vier Brötchen jekooft, ergo, du hast nen Esser mehr zu Gast – ergo – Franzi is bei dir.“

„Ergo? Und antizipiert hast du auch eben gesagt – hast du ein Fremdwörterlexikon gelesen?“

„Na irjendwie will ick ja mithalten könn.“

„Ach, bleib mal, wie du bist.“

„Ma kieken, aba danke. Außadem war ick viel zu jung für die.“

„Für Franziska?“

„Nee, für die Stasi. Uff den Spruch wollt ick jern noch ne Replik liefern.“

„Oh Hupe, bitte, hör auf damit."
„Wie lange bleibtn Franzi?"
„Wieso?"
„Sach einfach."
„Die muss nach dem Frühstück los."
„Und du, musste schon arbeiten?"
„Ein bisschen. Warum fragst du?"
„Ick könnt heut Nachmittach deine Hilfe jebrauchen."
„Bei was?"
„Bei eener Namensjebung."
„Bei einer Namensgebung?"
„Jenau. Ick hab ne Patenschaft übernommen."
„Und den Eltern ist noch kein Name eingefallen?"
„Der kennt seine Eltan nich. Die Leben irjendwo in Jefangenschaft oder frei irjendwo in Amerika."
„Wir fahren in den Zoo?"
„Nee, in den Tierpark Friedrichsfelde. Heut bekomm ick die Patenurkunde und darf dit Tier benennen."
„Um welches Tier handelt es sich denn?"
„Dit erfährste, wenn de mitkommst."
„Das ist Erpressung."
„Und ick nenn ihn Hannes, wenn de nich mitkommst."
„Das ist schwere Erpressung."
„Kannst mich ja anzeijen."
„Okay, erfolgreich erpresst. Wann fahren wir los?"
„Passt it dir um zwei? Ick muss vorher noch nen Keller in Weißensee entrümpeln."
„Um zwei ist in Ordnung. Wir nehmen mein Auto, dann kann ich dich einfach zurücklassen, falls du ihm meinen Namen gibst."
Um halb drei kamen wir am Tierpark an. Hupe sagte dem Mann an der Kasse, er komme wegen der Patenschaft und habe seinen Anwalt mitgebracht, um die rechtskundliche Richtigkeit der Paten-Urkunde examinieren zu lassen. Langsam fing das Fremdwort-Bingo an, mich zu nerven.
„Wat wolln Se mit dem hier examinieren?", fragte der Kassenwart.

„Die Richtig-keit der auf-gesetzten Schrift-stücke", stelzte Hupe den nächsten Satz.

Der Kassenwart war sichtlich irritiert. „Dit is eene Seite, da steht Ihr Name druff, der Name von dit Tier, dit heutije Datum und Ihre Unterschrift. Wat wolln Se da mit dem Anwalt hier?"

„Jenau dit ham se mir im Telekomladen ooch jesacht und jetzt jibst nur Probleme!"

„Na jut, nehmen Se den Rechtsverdreher mit rin. Ick ruf Herrn Strohschein an, der bringt Sie beede dann zu Ihren Baumstachler."

Wir traten ein und warteten auf Herrn Strohschein.

„Hupe, war der Blödsinn mit dem Anwalt nötig?"

„Ja, sonst hättste Eintritt zahlen müssen. So schnell spart man zwölf Euro. Und du musst jetzt sparen als Selbstständjer."

„Okay, das stimmt. Aber bitte schmeiß dein Fremdwörterlexikon weg. Und warum ausgerechnet ein Baumstachler?"

„Na ick hab den jesehen und hab mich sofort wiedaerkannt. Und da war grad nen Pfleger im Käfig und der hat mir denn erzählt, dit sind Einzeljänger, wehrhaft, hocken jern in ihre Höhle und fressen viel. Dit Tier is zwar noch viel hässlicher als icke, aber er war mir uff Anhieb sympathisch. Und kam mir traurich vor. Sone Art Bruder im Jeiste, vastehste? Und als der Pfleger sacht, der hat keen Name, ick kann aber Pate werden, da hab ick mir jesacht, ick tu ma wat Jutet. Außadem is dit ooch für Enrico spannend, son Patenkind. Der liebt Tiere."

Dann kam Herr Strohschein, ein älterer, feiner Herr im Anzug und mit einem ehrlichen Lächeln im Gesicht. Er führte uns zum Baumstachler. Hupe hatte nicht übertrieben. Er war plump, hässlich und sah traurig aus.

„So, Sie können jetzt den Namen nennen", sagte Herr Strohschein. „Dann trag ich den ein und nächste Woche sind die Schilder fertig. Dann stehen Ihr Name und der Name des Tieres für alle sichtbar am Gehege."

„So, Herr Schlau-Schlau, jetzt bist du jefragt. Ick will ihm eenen Namen jeben, der een Jegensatz zu seinem Aussehen ist, eenen Namen, der Schönheit bedeutet, wie keen zweiter. Dit wird ihm helfen, da bin ick mir sicha."

„Und das ist sicher ein Männchen?“, fragte ich Herrn Strohschein, der beflissen nickte.

„... der Schönheit bedeutet wie kein zweiter. Da gibt es nur einen, Hupe, nenn ihn Adonis.“

„Adonis, dit is supa, Mann, Herr Schlau-Schlau, du bist een Genie!“

„Und der Name steht dann auf dem Schild?“, fragte ich zur Sicherheit Herrn Strohschein, er nickte und sagte: „Ja, dieser Name und der Ihres Mandanten.“

„Mit welchem Namen hat mein Mandant sich in die Urkunde eingetragen?“

„Er hat seinen Namen mit ‚Hupe‘ angegeben.“

„Wie wäre dann der exakte Wortlaut auf dem Schild?“

„Adonis, Pate, Doppelpunkt, Hupe.“

„Können wir Pate, Doppelpunkt weglassen?“

„Wenn Herr Hupe es wünscht, gern.“

Hupe nickte.

„Dann steht auf dem Schild ab nächster Woche ‚Adonis Hupe‘?“, fragte ich nach.

Herr Strohschein lächelte mild und nickte.

„Hupe, du kannst die Urkunde unterzeichnen. Sie ist wasserdicht.“

Adonis Hupe. Da hatte der Baumstachler meinen ganzen Neid und ich war mit dem Tag im Reinen. Adonis Hupe. So würde man gern selber heißen.

Bis auf diesen Ausflug verschonte mich Hupe in den nächsten Wochen mit solchen Aktionen. Was günstig war, da mein Arbeitspensum beinahe täglich zunahm. Der Kidsplay-Auftrag begann schon Anfang Januar intensiv zu werden und Sabine hatte mir noch einen zweiten für die Schweizer Botschaft vermittelt. Ich saß jeden Tag am Rechner, schrieb Texte und stimmte Illustrationen mit einem freien Grafiker ab, den mir Sabine empfohlen hatte. Er hieß Kindervatter, lieferte zügig und seine Sachen passten zu meinen Texten. Es war toll.

Ich hatte professionelle Dienstleister, war Herr über meine

Zeit, traf mich manchmal schon nachmittags mit Franziska oder fuhr einkaufen, wenn die Stadt leer war. So zog der Januar ins Land. Ich kam zum Lesen, wenn Franziska nicht bei mir war, ging fast jeden Donnerstag ins Stilbruch und lauschte, was Litfaßsäule Neues aus dem Leben unserer Freunde zusammengetragen hatte. Jede Woche bekam ich ein Päckchen, in dem mir Enrico eins der geliehenen Bücher zurückschickte und ich schickte ihm postwendend ein neues nach Braunschweig. Das Gesamtwerk von Karl May würde er bald verschlungen haben.

Mein Leben hatte wieder einen Rhythmus, einen Takt. Mitte Februar war es dann so weit, sich für eine Weile von Franziska zu verabschieden. Sie saß auf meinem Schoß an ihrem Küchentisch und zählte mir auf, was ich in den vier Wochen, die sie auf Studienfahrt in Brasilien war, alles machen konnte, damit die Zeit mir nicht lang würde.

„Lesen. Das geht bei dir immer und wochenlang. Deine Eltern besuchen, du warst seit dem Herbst nicht mehr da. Mit Hupe auf den Flohmarkt gehen und antiquarische Bücher suchen. Mit Hupe zu Frankys Schlagerparty in die Kleingartenanlage gehen. Du fühlst da vor, und wenn es dir gefällt, dann komme ich beim nächsten Mal mit.“

„Also“, antwortete ich. „Ich bin ja wirklich verzweifelt, dass du mich verlässt, aber so sehr nun auch wieder nicht. Zu Franky gehen wir schon zusammen und erst, wenn uns keine Ausrede mehr einfällt.“

„Er ist Hupes bester Freund und du hast ihn noch nie gesehen. Bist du nicht neugierig?“

„Schon, aber diesen Moment will ich mit dir teilen.“

„Nun gut, ich gebe es auf. Lass uns mal im Schlafzimmer weitermachen. Ich muss morgen früh raus.“

Vier Wochen standen mir nun also bevor, in denen ich ohne Franziska den Rhythmus halten musste. Es wurde dadurch leichter, dass mich ein früherer Kunde anrief und kurzfristig den Auftrag hatte, ihm sechshundert Fragen mit je drei falschen und einer richtigen Antwort für ein Schülerquiz im Privatfernsehen zu liefern. Bis Ende Februar verstand sich. Ich sagte zu, ohne mit der Wimper zu zucken. Hauptsache, die Zeit ohne Franziska ging schnell vorüber. Nach drei Tagen hatte ich hundert Fragen zusammen und ich fühlte mich so leer, wie ein ausgeräumtes Bücherregal. Immerhin hatte ich kaum Gelegenheit gefunden, an Franziska zu denken. Dann klingelte das Telefon. Kindervatter war dran und fragte mich, warum ich seine E-Mail mit den neuen Entwürfen nicht beantwortete. Ich hatte sie gar nicht gesehen, da ich ja seit drei Tagen im Tal der Quizfragen unterwegs war.

„Entschuldige, Kindervatter, hab ich noch nicht gesehen. Aber du hast doch noch Zeit bis Montag, oder?"

„Nur theoretisch. Ich hoffe, ich habe bis Montag überhaupt einen Internetzugang. Ich muss morgen früh umziehen, von Berlin nach Leipzig und habe weder einen Transporter für meinen Kram noch eine Box für die blöde Katze von Marianne. Darum muss ich mich noch kümmern, deshalb wollte ich den Job schon mal erledigt haben."

„Ein Spontanumzug!", lachte ich durchs Telefon.

„Ja. Das klingt aber witziger als es ist. Marianne, also meine Freundin, hat ab März einen Job in Leipzig und nun eine Wohnung gefunden, die sie allein nicht bezahlen kann. Da muss ich mit."

„Du musst?"

„Ja, auch wenn ich nicht wollte. Sie hat unsere Wohnung in Berlin gleich gekündigt und der Hausverwaltung einen Nachmieter aufgeschwatzt. Der will hier ab Montag renovieren. Ich muss also raus."

Parallel zu unserem Gespräch öffnete ich seine Mail. Er sollte Motive zu typischen Rezepten aus den sechzehn Bundesländern liefern und die Illustrationen waren wie immer gut.

„Die Entwürfe sind super", beruhigte ich ihn.

„Cool, dann kann ich mich jetzt um den Transporter und noch einen Umzugshelfer kümmern."

In diesem Augenblick hatte ich eine Idee, wie ich die Leere in meinem Kopf wieder füllen könnte, um neue Quizfragen zu kreieren.

„Ich weiß da jemanden, der einen Transporter hat und kleinere Umzüge macht“, sagte ich zu Kindervatter.

„Ehrlich? Und hat er vielleicht auch noch einen zweiten Mann, damit wir zu dritt schleppen können?“

„Hat er, das wäre ich.“

„Du? Du willst mit mir umziehen? Ich glaube, du bist mir zu teuer.“

„Geld bekommt Hupe, ich bekomme nur Fragen und Antworten.“

„Fragen? Antworten? Hupe? Hat das irgendwo einen Haken?“

„Hupe ist der Mann für alle Fälle. Der kann mir keinen Wunsch abschlagen und bekommt zweihundert Euro am Tag plus Spesen und Benzin.“

„Ja, kein Problem. Aber was willst du dafür?“

„Mindestens fünfzig gute Fragen mit je drei falschen und einer richtigen Antwort. Am besten wäre es, die kommen während der Hinfahrt nach Leipzig zusammen. Dann wäre ich hochmotiviert, Möbel zu schleppen.“

„Ich bin Grafiker, quasi Künstler. Also falls es um Lebensfragen geht, kann ich nur die falschen Antworten liefern.“

„Damit wäre mir schon mal geholfen. Und es geht nicht um Lebensfragen.“

„Na gut. Ich nehme an.“

„Okay. Dann kommen Hupe und ich morgen. Wo sollen wir hinfahren?“

„Rigaer Straße 85. Am liebsten gegen acht. Mein Name steht dran. Ach so, passen wir überhaupt alle in den Transporter?“

„Der hat vorne drei Sitze.“

„Super, dann passt Marianne nicht mit rein und muss die blöde Katze im Zug mitnehmen. Ich danke dir.“

Nach dem zweiten Bier bei Holger hatte ich Hupe überredet.

„Wenn die zweihundert Euro nicht reichen, Hupe, dann kann man da bestimmt noch was machen.“

„Nee, dit reicht schon. Is ja ooch für nen Freund von dir.“

„Naja, nicht wirklich. Ich kenne den nur vom Telefon. Der ist

Grafiker und arbeitet manchmal an den gleichen Aufträgen wie ich.“

„Ooch jut. Denn kann er mir für die Differenz zu meim Tagessatz n paar schöne Flyer für meinen Entrümpelungsservice basteln.“

„Das macht er bestimmt“, sagte ich optimistisch, bestellte noch eine Runde und ging dann früh ins Bett.

Am nächsten Morgen schneite es wieder. Wir fuhren im Schneetreiben los und waren fünf nach acht in der Rigaer Straße. Vorm Haus stand ein Mann in meinem Alter. Er fror, weil er nur eine mit Schnee verklebte Jogginghose und ein Zoo-York-T-Shirt trug. In seiner Hand hielt er eine Transportbox für Kleintiere. Hupe parkte in der zweiten Reihe und wir stiegen aus.

„Kindervatter?“, fragte ich ihn.

„Yeah. Ihr kommt keine Minute zu früh. Ich wollte gerade hochgehen.“

„Warum stehst du überhaupt hier in der Kälte?“

„Marianne dachte, sie kann sich heimlich ohne Katze aus dem Haus stehlen und zum Zug gehen. Ich war aufm Klo, als sie sich aus dem Staub gemacht hat. Ich habs aber noch gehört und dann das Tier geschnappt, in die Box gepackt und bin ihr hinterhergerannt. Aber sie ist schlau und hatte sich ein Taxi gerufen. Sie stieg gerade ein, als ich aus dem Haus kam. Der Fahrer hat Vollgas gegeben, das hat ihm auf dem Schnee aber nichts gebracht. Ich war schon fast am Kofferraum, um die Box noch reinzustellen, da hat es mich bei der Glätte hingehauen. Zwei Leute von der BSR haben mir dann hochgeholfen, wahrscheinlich aus schlechtem Gewissen, weil sie vor ihrem Streufahrzeug geraucht haben, anstatt den Schnee wegzuräumen. Und eine Kippe haben sie mir zum Abschluss dagelassen. Die habe ich geraucht und dann wart ihr auch schon da.“

„Watn, die Katze is da noch drinne?“, fragte Hupe ihn.

„Ja, aber die hat ein dickes Fell. Mach dir keine Sorgen. Sie hat mich ausgelacht, weil ich hingefallen bin.“

„Die Katze?“, fragte ich.

„Ja. Die war schon immer so gehässig. Ich wollte sie nie haben, aber Marianne hat gesagt, es gibt sie nur mit Katze. Was soll ich da machen? Die ganze Arbeit bleibt aber an mir hängen. Jetzt auch wieder."

Hupe beugte sich nach unten und schaute in die Transportbox. Es fauchte gewaltig aus ihrem Innern.

„Stimmt, die is jehässig. Dit seh ick sofort."

Dann gingen wir nach oben.

Die Wohnung war nur halbvoll. Ein paar zerlegte Regale, ein zerlegter Kleiderschrank, zwei Matratzen und etliche Kartons. Kratzbaum und Katzenklo nicht zu vergessen.

„Viel is dit ja nich für zwee Leute", sagte Hupe.

„Marianne hat nur die zwei Koffer, mit denen sie hier eingezogen ist, als sie aus Frankreich kam. Die kann schnell weg sein, wenn sie will. Deshalb habe ich auch der Katze zugestimmt. Der Rest ist mein Kram."

„Na denn ma los", sagte Hupe und der Profi in ihm übernahm das Kommando. „Zuerst die Rejalteile und der Esstisch mit na Dreiakette runta. Denn mach ick dit Auto uff und ihr bringt die Teile hin, ick packe ein. Danach die Kartons zum uffüllen, denn die Matratzen und denn der Rest."

Eine Stunde später war keinem von uns mehr kalt, aber alles war verstaut und wir standen beim Bäcker eine Ecke weiter. Kindervatter und ich tranken nur einen Kaffee, Hupe aß zwei Zwiebelmettbrötchen, zwei Eierbaguettes und anschließend noch einen Pfannkuchen. Dann ging es los. Ich saß zwischen Hupe und Kindervatter, auf dessen Schoß die Katzenbox stand. Das Schneetreiben wurde immer dichter und wir fuhren im Schritttempo in Richtung Autobahn.

„So", sagte Kindervatter, „jetzt will ich mich aber ehrlich machen und meine Schulden einlösen. Auf welche Fragen brauchst du falsche Antworten?"

Hupe schaute unsicher zu uns beiden hinüber.

„Ich brauche die Fragen UND die Antworten. Beides. Ich muss in einer guten Woche sechshundert Quizfragen liefern mit vier Antworten, von denen nur eine richtig ist. Es darf aber nicht zu schwer und nicht zu einfach sein. Das Ganze ist für Kinder zwischen neun und vierzehn Jahren."

Ich dachte, jetzt bliebe es erst mal still im Auto, aber es ging sofort los. „Wie nennt man die Wildschweinmutter?", schoss es aus Hupe heraus. „Sau, Keiler, Frischling oder Bache."

„Moment, Moment", sagte ich. „Ich mach schnell das Handy an und nehme das als Memo auf."

Hupe wiederholte die erste Frage und die Antworten, als ich die Aufnahme startete. Frage Nummer Zwei kam von Kindervatter: „Wer hat den Buchdruck erfunden? Albrecht Dürer, Jakob Fugger, Wilhelm Grimm oder Johannes Gutenberg."

Dann Hupe wieder: „Bei welchem Tier werden die Männchen trächtig? Haifisch, Maulwurf, Lurch oder Seepferdchen."

So ging es Schlag auf Schlag. Kaum war der eine fertig, hatte der andere die nächste Frage formuliert. Die beiden fingen an, sich gegenseitig ihre Fragen zu beantworten und lachten sich scheckig, wenn einer daneben lag. Mal nannte Hupe als höchsten Berg Deutschlands den Fichtelberg, mal meinte Kindervatter, dass Dubrovnik die Hauptstadt von Kroatien sei. Nach einer halben Stunde war mein gestern noch so leerer Kopf wieder voll und ich stieg in das Fragenstellen ein.

Es ging bald nur noch darum, nicht nur einen von den anderen, sondern beide aufs Glatteis zu führen. Am Ende gelang es jedem ein Mal. Kindervatter foppte uns mit der Frage nach dem ursprünglichen Beruf von Stefan Raab, Hupe mit der Frage nach dem Geburtsort von Helene Fischer und beide antworteten falsch, als sie den Erfinder der Luftpumpe benennen sollten. Dann waren wir da. Ich hatte unzählige neue Fragen und ich spürte, dass sie weiter sprudeln würden, wenn ich wieder nach Hause käme. Wir brachten Kindervatters Zeug nach oben, übergaben die Katze einer hübschen Französin, die das Tier wie ein Baby herzte, und tranken noch einen Kaffee.

Kindervatter gab Hupe dreihundert Euro.

„Nee, Herr Schlau-Schlau hat nur zweihundert ausjemacht. Dit kann ick nich annehmen."

„Hupe, das ging alles so schnell", sagte Kindervatter, „da sind dreihundert das Mindeste."

„Nee, pass uff. Ick nehm zweihundert und du bastelst mir nen neuen Flyer für meine Firma. Hier, meene Karte mit allen Informationen. Dit gleiche hätt ick jern in hübsch."

„Okay, kein Problem", sagte Kindervatter. „Welche Größe?"

„Na so länglich, aber schmal, wie so Werbung im Briefkasten."

„Alles klar. Ich schick dir einen Entwurf, sobald ich wieder arbeiten kann."

„Keene Hektik. Machs jut."

„Ja. Mach es gut. Und vielen Dank."

Dann gab Kindervatter mir die Hand und sagte: „Ich weiß nicht, was ich sagen soll. Das ging ja wie geschmiert. Ich hoffe, du bist auch zufrieden."

„Sehr. Ich habe in diesen zwei Stunden Fahrt so viel geschafft wie sonst an drei Tagen. Also wir haben das geschafft. Jetzt zieht mal in Ruhe ein. Wir telefonieren."

Dann fuhren Hupe und ich nach Hause. Wir fragten uns auf der Heimfahrt, ob Kindervatter glücklich sei, redeten über Enrico und Franziska und dann hörten wir eine Weile Radio. Zu Hause angekommen setzte ich mich an den Rechner, spielte das Memo ab und schrieb die neuen Fragen auf. Erst spät am Abend gingen meine Gedanken nach Brasilien. Dorthin, wo Franziska gerade ihre Studenten durch die Hitze führte, während es hier nicht aufhörte zu schneien.

Das Wetter am ersten März

Am nächsten Freitag traf ich Hupe am Briefkasten. Der Winter hatte Berlin weiter fest im Griff und Pankow war eine weiße Pracht. Es war Ende Februar so kalt wie im ganzen Winter noch nicht und alle Prognosen sagten eine längere Kälteperiode voraus. Ich war den ganzen Tag neidisch auf Franziska, die in der Sonne war, oder traurig, weil ich meine Schneespaziergänge ohne sie machen musste. Es war buchstäblich tiefster Winter, doch Hupe meinte, das sei bald vorbei.

„Hupe, woher willst du das wissen? Die Meteorologen sagen das Gegenteil!"

„Die irren sich imma beim Wetter für den ersten März. Zumindest immer da, wo ick mich gerade befinde. Mich umjibt an diesem Tag een Mikroklima."

„Aha! Ein Mikroklima. Immer am ersten März. Wie lange verfolgst du das schon?"

„Am ersten März sind dit vierundvierzich Jahre! Uff den Tach jenau! "

„Hast du am ersten März, also Dienstag, Geburtstag?"

„Richtich, hab ick!"

„Und du konntest als Neugeborener schon das Wetter protokollieren?"

„Hab' ick jesacht, dass ick vierundvierzich werde?"

„Nein, das habe ich jetzt mal angenommen."

„Falsch jedacht, Herr Schlau-Schlau! Ick werde siebenundvierzich, aba meene erste Erinnerung stammt von meenen dritten Jeburtstach."

„Aha, und was war da?"

„Ick hab' nen Schlitten jeschenkt bekomm, aba ick konnte nich rodeln jehn, sondern meene Mutter hatte die ersten Jänseblümchen dit Jahres um meenen Platz am Tisch drapiert."

„Gänseblümchen am ersten März?"

„War damals der wärmste seit der Uffzeichnung. Aba meene

Mutta hat den Meterologen jeglaubt. Ein schwerer Fehler."
„Vielleicht wollte deine Mutter dir den Schlitten aber auch für den nächsten Winter schenken?"
„Wollte se nich. Den hat se vom letzten Jeld bezahlt, wat meen Alta hat rübawachsen lassen. Sie hat jeahnt, dass it dit letzte Jeld sein wird und wollt mir davon wat koofen, wat ick benutzen kann, solange mir meen Alter noch im Jedächtnis is. Eigentlich wollte se mir ne Schaukel für die Tür zur Diele koofen, hat aba dem Wetterdienst vertraut und den Schlitten jenommen. Zwee Wochen vor meenem Jeburtstach. Im Osten mussteste gleich zugreifen und it war ne lange Kälteperiode vorherjesagt. Aba am ersten März – keene Flocke mehr weit und breit. Stattdessen grüne Wiese und Jänseblümchen. Und so jeht dit seit Jahrzehnten. Hupes Mikroklima eben."
Ich hatte zunächst Zweifel daran, dass Hupe an seinem Geburtstag ein eigenes Klima umgäbe, aber ich wollte es rausfinden. Und mangels Franziska hatte ich am nächsten Dienstag noch nichts vor.
„Hupe, wo feierst du denn deinen Geburtstag dieses Jahr?"
„Ja, keene Ahnung, ick jeh wahrscheinlich zu Holger und denn machen wa den Laden zu und jehen ins Payam-Bistro. Da bestell ick allen een janzet Hühnchen und nen paar Runden Bier und denn jeben mir die Jungs meistens nen Kurzen aus!"
„Sind die sauer, wenn du später kommst?"
„Nee, ick gloob nich. Dass ick Jeburtstach habe, verrate ick jedet Jahr wieda durch die Einladung zum Hühnchen. Denn fällts Tietz und Holger wie Schuppen vonne Augen und denn holen se aus der Kramkiste vom Stöber-Shop nochn Jeschenk. Letztet Jahr jabs nen Taschenrechner von Hermes. Mann, hab ick mir jefreut. Du kennst den Laden ja. Die Jäste da sind nich so die Typen, die nen Wandkalender mit den Jeburtstagen ihrer Kumpels haben."
„Dann lass uns doch erst mal zu zweit feiern und danach gehen wir zu Holger. Wir könnten hier zum Italiener um die Ecke. Ich lad dich ein."
„Haste nüscht Besseret zu tun?"

„An deinem Geburtstag? Auf keinen Fall."
„Na jut, eh ick mir schlajen lasse."

Am Dienstag hatte tatsächlich Tauwetter eingesetzt, auch wenn wir laut Wetterbericht eigentlich in einer Kaltzone lagen. Wir saßen an einem Zweiertisch im Firenze. Luigi brachte uns die Karte. Ich bestellte eine Dorade, vorab eine Minestrone und eine Flasche Rotwein. Hupe hatte sich eine Pizza Salami und eine Pizza Quattro Stagioni bestellt.

„Ick wollt schon imma ma satt werden beim Italiener. Und heute, wo du zahlst, dacht ick, isset okee, zwee Pizzas zu essen."

„Das ist völlig in Ordnung, Hupe."

Und Hupe hatte noch einen Getränkewunsch.

„Ick hatte nen harten Tach, will hier aba voll da sein, is ja ne Einladung, da brooch ick nen Kaffe. Kann ick so nen Latte Muchacho haben?"

„Wass biette möckten Sie?", fragte Luigi zurück.

„Na, eenen Latte Muchacho. Hab ick in Kreuzberg ma jetrunken. Viel Milsch, wenich Kaffe."

„Sie meinen Latte Macchiato?"

„Jenau, Latte Muchacho, jenau dit Ding. Mensch, Hannes, der is aba nett, der Luigi. Ob der direkt aus Firenze kommt? Ick meine, weil der Laden so heißt?"

„Keine Ahnung, ich kann ja mal fragen. Warst du schon mal in Florenz?"

„Nee, in Florenz noch nich, dit wüsste ick janz jenau, aba an Firenze bin ick schon ma vorbeijefahren. Dit weeß ick jenau."

„Hupe, Florenz und Firenze ist das Gleiche. Die Stadt heißt auf Italienisch Firenze, in Deutsch ist das Florenz."

Und dann geschah etwas, was ich an Hupe noch nie gesehen hatte: Hupes Miene wurde starr wie Eis und sein Körper wurde fest, hart und lag wie gegossener Beton zwischen den Lehnen des Stuhles.

„Hupe, habe ich was Falsches gesagt?"

Keine Antwort.

„Hupe, was ist los?"

Keine Reaktion.
„Hupe! Hallo, red mal mit mir!"
Luigi stellte den Latte und den Wein hin. Ich versuchte es noch etliche Male, aber Hupe war wie im Koma. Es dauerte locker drei Minuten, bis ich mich traute, einen Schluck zu trinken und noch mal zehn Minuten, bis Hupe sich wieder bewegte.
„Hupe, jetzt sag mal, was ist los?"
„Ick hab dir von meenem Schlitten erzählt. Zum dritten Jeburtstach."
„Ja."
„Und vom letzten Jeld meenes Vaters."
„Ja, ich erinnere mich."
„Meen Vater hat als Bergmann jearbeitet und war nur an wenijen Wochenenden bei uns in Berlin. Er hat bei der SDAG jearbeitet. Wismut. Uranförderung. Als meene Mutter mit mir schwanger war, bekam er die erste und letzte Diagnose. Darmkrebs. Endstadium. Höchstens noch nen halbet Jahr. Meen Alter wusste, dass ick komme. Er wollte seinen zweeten Sohn wenijstens noch sehn. Und er hat mich noch jesehn, allen Diagnosen zum Trotz. Er war nen Sonderfall und durfte nach Berlin in die Charité. Er hat mich een Jahr alt werden sehn, hat mich zwee Jahre alt werden sehn und kurz vor meenem dritten Jeburtstag is er jestorben. Am Sterbebett hat er meener Mutter eenen Jeldschein in die Hand jedrückt. ‚Koof dem Jungen, wat er am meisten broocht, um Freude zu haben. Koof it, it is meen allerletzter Wille.' So, und denn fing dit mit dem Mikroklima an. Sein letzter Wunsch jing nich in Erfüllung."
Hupe war sichtlich gerührt und kämpfte mit den Tränen. Ich wusste nur nicht, was das mit unserem Gespräch über Florenz zu tun hatte.
„Hupe", sagte ich. „Das ist sehr traurig, aber auch schon sehr lange her, oder?"
„Ja!", sagte Hupe. „Du findest dit traurich und lange her und fragst dich wahrscheinlich, wie ick so plötzlich druff komme. Welcher Fluss fließt durch Florenz?"
„Ähm, ja, der Arno."

„Richtich, Herr Schlau-Schlau. Der Arno. Und wie hieß meen Vatter?“

„Arno?“

„Wieda richtich. Aba er war keen Mann aus den Bergen. Er kam aus Rostock, der Bergbau war aba bessa bezahlt als allet andre. Nach seinem Tod wollte er aba imma zurück ins Wassa. Und zwar als Asche. Meine Mutter hat ihm dit versprochen.“

„Und sie wollte ihn im Wasser bestatten, in einem Fluss seines Namens, im Arno, in Florenz?“

„Jenau dit wollte sie. Dit war für sie so, wie nen Denkmal für ihn zu bauen. Dit musste unbedingt sein. Und sie wusste, wo der Fluss seines Namens fließt und sie wusste, sie darf aus der DDR da nich hin. Und denn hattese all die Jahre jewartet. All die Jahrzehnte stand Vatters Urne in der Schrankwand. Meen Onkel war damals noch beim Krematorium, deshalb konnten wa die Orijinalasche inner leeren Kaffeedose beiseiteschaffen und die leere Urne in nem anonymen Grab bestatten lassen. Vatters Asche stand all die Jahre bei uns im Schrank. Und denn endlich, da platzt die SED-Blase, endlich ist die Mauer weg. Und ick fahr Muttern uffm Beifahrersitz und Vatter in seiner Kaffeedose uff ihrem Schoß im Wartburg nach Italien. Wir wolln zum Arno, wir wolln nach Florenz. Wir fahren seit Tagen, wir kommen bis Italien, aber nirjendswo een Florenz. Wir fahrn vorbei an Verona und Modena, vorbei an Bologna, vorbei an Firenze. Aber keen Florenz, keen Arno weit und breit. Kurz nach diesem beschissenen Firenze macht der Wartburg die Grätsche. Und jetzt kommst du, Herr Schlau-Schlau, als wärs dit Klarste vonna Welt, dass Firenze dit is, wozu wir Florenz sagn. Ick weeßet erst seit heute. Ick hätts damals ooch weiterjesucht. Aber dit Auto war Schrott, und ick hab die Karre an ne Werkstatt da unten vakooft. Von dem Jeld kamen Muttern und ick gradeso wieda nach Hause. Im Zug und immer die Kaffeedose dabei. Bald darauf is Muttern vor Kummer jestorben. Weil ick zu blöde war, Florenz zu erkennen, obwohl ick direkt davor stand. Und dit hab ick heut erst vastanden und ick hab jetzt keen Hunger mehr. Jute Nacht!“

Und Hupe ging nach Hause.

Ich hatte auch keinen Hunger mehr und ich hasste mich für mein Gequatsche und mein Mitleid, das ich jetzt mit Hupe hatte. Gerade als ich mir vornehmen wollte, jetzt die Flasche plattzumachen und mir danach noch eine zu genehmigen, dämmerte in mir ein Gedanke und ich fasste einen Plan. Und für diesen Plan musste ich nüchtern sein.

Ich zahlte, ging nach Hause und klopfte an Hupes Tür. Ich klopfte zweimal, dreimal, zehnmal – irgendwann machte er auf und ließ mich wortlos ein.

„Hupe. Eine Frage bitte."

„Ick wollt dich eijentlich nen paar Tage nich sehn."

„Das kann ich verstehen, aber –"

„Du hältst mich für blöde. Wahrscheinlich nich ma, weil ick Firenze nich erkannt hab. Kann ja ma passiern als Ossi ohne Landkarte. Nee, du hältst mich für blöd, weil ick sechsundzwanzich Jahre nich druff jekommen bin. Ick kann dit erklärn. Ick hab mich jeschämt, dass ick die Stadt nich jefunden habe und weder Vatterns noch Mutterns letzten Wunsch erfüllen konnte. Ick hab Angst jehabt, ick finde raus, dass ick dit verpeilt habe, ick allein. Außer italienischen Restaurangs hab ick Italien von meener Landkarte jestrichen. Aus Angst noch zu erfahren, dass ick Mutterns Wunsch hätte erfüllen können. Und nu isset so weit. Du hast die Bombe platzen lassen!"

„Hupe, wo habt ihr deinen Vater begraben?"

„Muttern wollte, das ick die Asche nach Rostock zu ihm nach Hause bringe und in die Warnow streue. Schreibt sich anders als der Arno, klingt aber fast wie ‚da war Arno'. Dit passte ja ooch irjendwie. Und ihre Asche sollte ick ooch reinstreuen, wenn it so weit is. Und it war ziemlich bald so weit."

„Ach so. Schade."

„Naja, wat heißt schade. Ick habs ja nich übert Herz jebracht. War eben nich der Arno. Und so sind se beede noch bei mir."

„Sie sind hier?"

„Ja, da oben. Aba ick hab se in wat Schöneret umjefüllt als die alten Kaffeedosen, die mein Onkel ausm Krematorium jeschmuggelt hat."

Hupe zeigte auf seine Schrankwand. Obenauf standen zwei gleichgroße Urnen. Eine in dunklem Blau, eine in dunklem Rot.

„Hol sie runter!“, sagte ich zu Hupe.

„Wozu?“

„Wir fahren nach Florenz.“

Die ersten Stunden fuhren wir schweigend nach Süden. Keiner sagte was, keiner fragte was. Auf der Rückbank standen die beiden Urnen. Hupe hatte sie angeschnallt. Am Hermsdorfer Kreuz mussten wir tanken. Ich bestellte mir im Restaurant einen doppelten Espresso.

„Und ick hätt jern nen Latte Muchacho.“

„Wie bitte?“

„Viel Milsch, wenig Kaffe.“

„Meinen Sie einen Latte Macchiato?“

„Ja, sag ick doch!“

Wir tranken aus und fuhren schweigend weiter. Es war gut auszuhalten und Hupe schlief irgendwann ein. Kurz vorm Brenner, es war schon hell, wurde ich so müde, dass ich eine Pause machen wollte.

„Ick kann doch fahrn.“

„Ja, gerne.“

„Ick kenn den Weg aber nich, wie du weeßt.“

„Den sagt dir das Navi.“

„Weeß dit, dass Florenz Firenze heißt? Ick mein ja nur, nich dass mir die gleiche Scheiße wieder passiert.“

„Keine Sorge, es weiß Bescheid.“

Als ich erwachte, schien die Sonne warm ins Auto. Wir waren kurz vor Modena.

„Hupe, soll ich übernehmen? Du musst hundemüde sein!“

„Nee, lass ma. Wenn’s okay is, würd ick jern durchfahren und Muttern und Vattern lieber selbst nach Firenze schoffiern.“

„Alles klar, mach mal!“

Jetzt war das Eis gebrochen. Wir begannen wieder zu reden. Über Italien, Mussolini, Berlusconi und seine Bungapartys. Hupe fragte sich, ob er in diesem Zusammenhang vielleicht die

Bezeichnung *Bungalow* für eine Ferienunterkunft mangels Italienischkenntnissen falsch interpretiert habe.

„Ick mein, wenn eener nich mal Firenze vasteht. Wat hat der vielleicht noch allet verpasst?"

Wir näherten uns unserem Ziel. Es war inzwischen Mittag. Ich suchte uns im Navi ein Hotel in der Innenstadt.

„Hupe, wir sollten erst mal schlafen gehen, oder?"

„Ja, is besser, ick bin denn och platt, wenn wa ankommen. Wie lange noch?"

„Etwa eine Stunde."

Das Hotel hatte noch freie Zimmer und wir schliefen sofort ein. Als wir erwachten, lag ein goldenes Abendlicht vor den Fenstern. Hupe war schon wach und schaute auf die Dächer des Viertels. Wir gingen vor die Tür und die Via dell'Albero hinunter, deren Verlängerungen uns in zehn Minuten an den Fluss und auf eine Brücke führten. In der Dämmerung leuchteten die kleinen Wellen des Arno.

„Issa dit?"

„Ja, das ist der Arno."

„Dieset Licht am Abend, dit hat meene Mutter sehr jeliebt. Da hatse am Küchenfenster jestanden und lange rausjekiekt. Ick hab dit nie vastanden, aber heute, heute weeß ick, wat se jemeint hat damals."

„Dann lass uns mal schnell die Urnen holen, bevor die Sonne ganz weg ist."

Wir liefen, so schnell wir konnten, zurück zum Hotel, holten die Urnen aus dem Auto und gingen zurück zur Brücke. Ich hielt Arno und Hupe hielt seine Mutter in den Händen.

„Hupe, wie hieß deine Mutter eigentlich?"

„Monika."

Dann standen wir auf der Brücke. Hupe stellte Arno auf die Steinbrüstung, nahm mir Monika ab und stellte sie daneben. Da erhob sich überm Wasser ein leichter Wind. Hupe öffnete erst Arnos Urne, hob sie hoch und drehte sie um. Arno flog über den Selbigen und sank sanft hinunter. Kurz darauf flog Monika ihrem Mann hinterher.

Dann schwiegen wir wieder, aber nicht sehr lange.

„Danke, Hannes. Jetzt jehts mir jut. So jut wie lange, lange nich. Darf ick nen Foto machen? Von dir und dem Arno im Hintergrund? Als Erinnerung, weeßte?"

„Ja, natürlich."

Hupe zog sein Handy aus der Tasche und fotografierte mich.

„Und jetz hab ick Hunger. Nen Riesenhunger. Hier sollte it ja ooch nen Italiener jeben."

„Ja, gibt es, wir holen jetzt das Geburtstagsessen nach."

„Ick nehm dit gleiche wie im Firenze, Pizza Salami, Pizza Quadrati Stationi und nen Latte Muchacho."

„Ich glaube, den Latte gibt es nur außerhalb Italiens. Aber überlass die Bestellung einfach mir."

„Is jut, Herr Schlau-Schlau, ick hab schon vastanden."

Tony Blair und die ewigen Jagdgründe

Wieder zurück in Berlin schloss ich mich ein, kramte noch die letzten dreihundert Quizfragen aus meinem Gehirn und verschickte sie an den Auftraggeber. Der Kidsplay-Newsletter war für diesen Monat auch erledigt und meine Kunden hatten alle die vereinbarten Vorschüsse überwiesen und die Rechnungen bezahlt. Es kam mir seltsam vor.

Ich machte im Grunde das, was ich immer gemacht hatte und saß zwischen meinen Büchern, die immer noch die gleichen waren. Trotzdem war alles anders, denn ich fühlte mich unvollkommen. Ich wartete auf Franziska, auf irgendeine Schnapsidee von Hupe oder ein Päckchen von Enrico. Noch vor sechs Monaten wusste ich nichts von der Existenz dieser Menschen, jetzt hatten sie mehr Raum in meinem Leben eingenommen als jemals jemand zuvor. Nicht mal meine Eltern. Die gab es natürlich auch noch.

Sie wussten aus wenigen Telefonaten, dass ich zurechtkam, aber es war Zeit, ihnen mehr davon zu erzählen. Also gab ich mir frei und fuhr am nächsten Morgen in die Uckermark. Die Landstraße entlang, von Dorf zu Dorf, von Waldstück zu Waldstück, dazwischen Felder, die an ihrem Ende den Himmel berührten.

Mein Vater stand vor dem Haus und fegte Laub von der Einfahrt. Schon aus der Ferne sah ich die Überraschung in seinen Augen, als er mein Auto erkannte. Er musste sofort meine Mutter dazu gerufen haben, denn als ich anhielt, standen beide vor der Gartentür. Wir nahmen uns lange in die Arme und gingen ins Haus.

„Es tut mir leid“, sagte ich. „Ich hätte schon viel eher mal kommen sollen.“

„Wieso?“, sagte meine Mutter. „Es tut doch gut, sich mal richtig zu vermissen.“

„Nicht mal dafür hatte ich Zeit. Eigentlich vermisse ich euch erst seit gestern Abend.“

„Umso besser. Also für dich. Hier auf dem Land vergeht die Zeit so langsam, dass wir oft an dich denken. Schön, dass du da bist. Wir haben inzwischen auch ein Gästezimmer. Mit Feldblick."

„Sehr schön. Passen da auch zwei rein? Ich meine fürs nächste Mal?"

„Ich denke schon. Warum fragst du?"

Und dann sprudelte alles aus mir heraus. Wie ich Hupe kennengelernt hatte, dass es in meinem Leben eine Frau gab, wie ich Müsli am Stiel zubereitet hatte, dass ich einen Fahrradunfall gehabt hatte und nun mein eigner Chef war. Vom Baumstachler, von Holgers Stöber-Shop, vom Schönen Hans, fast von allem, was in den letzten Monaten geschehen war. Erst redete ich bis zum Mittagessen, dann bis zum Kaffeetrinken und erst nach dem Abendbrot waren meine Eltern müde vom Zuhören. Ich hatte nicht einmal nach ihnen oder nach Sarah und den Kindern gefragt. Das wurde mir erst bewusst, als wir spätabends noch ein paar Schritte bis zum Waldrand gingen.

„Jetzt habe ich die ganze Zeit geredet und geredet und nicht einmal nach euch oder Sarah gefragt. Es tut mir leid."

„Dir muss nicht dauernd etwas leidtun", sagte mein Vater. „Ich habe lange nicht so gerne zugehört und bei uns, ja, bei uns ist alles beim Alten. Wir wollten die Ruhe haben und jetzt genießen wir sie. Aber es ist schön, wenn so viel Leben zu Besuch kommt."

Wir gingen noch eine Weile übers Feld zurück zum Haus. Ein paar letzte Schneefelder knirschten unter unseren Schuhen. Dann sagten wir Gute Nacht. Ich lag unterm Dach, zog mir die Decke bis zum Hals und schlief sofort ein.

Am nächsten Morgen ging ich hinunter ins Wohnzimmer. In der alten Glasveranda war der Frühstückstisch gedeckt. Es war merkwürdig, dass das Geschirr, das ich vor einem halben Jahr noch selbst benutzt hatte, nun an einem völlig anderen Ort war. Es gab weichgekochte Eier, wie sie nur mein Vater hinbekam. Dazu Filterkaffee, Landbrötchen und Marmelade aus Sarahs Garten. Meine Erzählungen von gestern hatten sich bei meinen Eltern gesetzt und sie begannen nachzufragen. Wie alt sei

Franziska, verdiene ich genug Geld für die Miete, komme ich noch zum Kochen und vor allem, was lese ich gerade? Und spätestens beim letzten Punkt wurde meinen Eltern klar, dass sich etwas oder vielleicht alles geändert hatte.

Ich wusste es nicht. Ich konnte beim besten Willen nicht sagen, welches Buch gerade angefangen auf dem Lesesofa lag. Sie lachten sehr herzlich darüber und ich stieg in ihr Lachen ein. Noch nie zuvor hatte ich auf diese Frage keine Antwort gehabt, noch nie zuvor war mir das so unwichtig gewesen. Zwar hatte ich noch immer Tausende von Büchern und noch immer meine Eltern, aber auch Franziska und Hupe, einen jungen Buchnarren in Braunschweig, neue Freunde, neue Freiheit und viel mehr. Das Klingeln meines Telefons unterbrach unser Lachen und riss mich aus meiner Euphorie. Es hatte einen hässlichen Klang, obwohl es der gleiche Klingelton wie immer war. Und es brachte schlechte Neuigkeiten.

„Ick bins, Herr Schlau-Schlau. Hupe. Biste jar nich zu Hause?"

„Nein, ich bin bei meinen Eltern auf dem Land."

„Ach, so n Mist. Ick bin janz verzweifelt."

„Was ist los?"

„Tony Blair ist tot. Meine Ex sacht, sie musste ihn jestern Abend einschläfern lassen. Beim Tierarzt. Enrico durfte nich dabei sein. Er hat die halbe Nacht jeheult, und is irjendwann zwischen zwei und drei abjehauen und nich mehr nach Hause jekommen. Ick hoffe, er is uffm Weg nach Berlin. Ick wollte am Hauptbahnhof nach ihm suchen jehen und dachte, du kannst zu Hause uff ihn warten."

„So eine Scheiße. Wie spät ist es? Gleich zehn. Fahr zum Hauptbahnhof und häng Enrico vorher einen Zettel an deine Tür, dass ich spätestens um zwölf da bin. Zur Not kann er im Treppenhaus warten. Ich beeile mich!"

„Danke, Herr Schlau-Schlau, bis später."

Meine Eltern sahen mich neugierig an.

„Es tut mir leid …", fing ich an mich zu erklären.

„Hör auf, dich dauernd zu entschuldigen!", sagte mein Vater. „Das klang nach einem Notfall, also musst du los. Kein Problem."

„Ja, das ist ein Notfall. Tony Blair ist tot."
„Der frühere Premierminister? Der war doch noch so jung."
„Ein anderer Tony Blair. Das erzähle ich euch beim nächsten Mal in Ruhe."
„Ist gut. Es war schön, dass du da warst", sagte meine Mutter.
„Ich komme bald wieder", antwortete ich. „Wahrscheinlich nicht allein."
Ich sah meine Eltern bis zum Ende des Dorfes noch im Rückspiegel winken, dann drückte ich aufs Gas. Die Straße war frei an diesem Spätwintermorgen. In den Trieben der Büsche am Feldrand leuchtete schon der nahe Frühling. Tony Blair würde ihn nicht mehr erleben.

An Hupes Tür hing der Zettel. Fein säuberlich hatte Hupe geschrieben:

Großer! Falls du hier ankommst, geh hoch zu Herrn Schlau-Schlau. Er ist ab um zwölf da. Ich suche dich so lange am Bahnhof. Papa

Ich ging in meine Wohnung und rief Hupe an.
„Hast du ihn gefunden?"
„Nee, keene Spur. Er war in keenem der Züge aus Richtung Braunschweig."
„Er ist seit heute früh um drei unterwegs?"
„So jenau weeß dit keena. Meine Ex meent um zweie war er noch da, um dreie war er wech. Er hat seinen Rucksack dabei, aber sein Handy hatta dajelassen."
„Hat er Geld dabei?"
„Vielleicht sein Taschenjeld und wat von dem, wat ick ihm als Notgroschen zustecke, wenn er hier in Berlin is."
Da klingelte es an meiner Tür. Ich öffnete und war so erleichtert, wie noch nie in meinem ganzen Leben. Auch wenn es nicht mein Junge war, der da müde, hungrig und verloren vor meiner Tür stand, es war immerhin mein Buchfreund Enrico. Man sah ihm an, dass er sein Liebstes verloren hatte. Ich hob ihn auf meinen Arm, nahm das Telefon wieder ans Ohr und sagte: „Er ist da,

Hupe! Er ist da. Komm direkt zu mir hoch, ich lass' meine Tür angelehnt."

Enrico hatte erst mal nur Durst. Er trank einen Liter Wasser, setzte sich an den Küchentisch und sah mich an.

„Ist Papa sehr sauer?"

„Im Moment ist er einfach nur froh. Er hat sich furchtbare Sorgen gemacht. Deine Mama sicher auch."

„Warum? Ich bin elf. Sie lässt mich sonst auch alleine Zugfahren. Mit Hund sogar."

„Sie hat sich Sorgen gemacht, weil keiner wusste, wohin du willst."

„Das ist doch klar. Ich wollte zu Papa. Mit Mario unter einem Dach, das halte ich nicht mehr aus."

„Das ging doch bisher ganz gut."

„Vielleicht. Aber er hat Mama eingeredet, dass es für ein Kind nicht gut sei, dabei zu sein, wenn sein Hund stirbt. Und Mama macht alles, was der Idiot sagt. Weil er Lehrer ist und sich angeblich mit Kindern auskennt. Er ist aber nur ein Idiot. Wegen ihm musste Tony alleine sein, als er gestorben ist. Das hat Tony doch niemals verstanden. Wir waren unser Leben lang keinen ganzen Tag getrennt, und als alles zu Ende geht, da bin ich nicht da. Wie soll ein Hund das denn verstehen? Ich muss doch dabei sein, wenn mein Hund stirbt!" Enrico begann, heftig zu weinen.

Ich nahm ihn auf meinen Schoß und er fand kein Halten mehr. Er weinte noch, als Hupe eintrat und ihn auf seinen Schoß setzte und noch immer, als ich Hupes Ex anrief. Irgendwann hatte er keine Kraft mehr und schlief ein. Hupe trug ihn hinüber aufs Lesesofa und wir deckten ihn zu. Dann brauchten wir dringend einen Schnaps und gingen in die Küche.

Hupe rastete komplett aus. So hatte ich ihn noch nie gesehen und ich fragte mich, ob ich den richtigen Moment gewählt hatte, ihm zu sagen, was mir Enrico über Mario erzählt hatte.

„Mario! Wat für een Arschloch! Wat für een Riesenarschloch! Spielt den großen Oberlehrer und weeß, wat für den Jungen am besten ist. So ein Vollidiot. Dit merkt doch jeder stockbesoffne Depp, dass dit Kind an dem Hund hängt wie an nüscht Anderem.

Und dann verbietet dieser Trottel, dass Enrico sein Tier auf dem Weg in die ewijen Jagdgründe begleiten darf. Dass Jessica dit zulässt. Dass sie dit zujelassen hat. Dit wird een Nachspiel haben. Ick schwör it dir, Herr Schlau-Schlau. Dit wird een Nachspiel haben."

Ich schenkte nur in kleinen Dosen nach, damit Hupe sich beruhigte, aber nicht so alkoholisiert wurde, dass er heute Abend noch eine Dummheit machte. Als es dunkel war, hatte er sich einigermaßen beruhigt und ging nach Enrico sehen.

„Mannomann, der schluchzt im Schlaf, wie als er drei Jahre alt war. So eine Scheiße. Dass der Hund irjendwann stirbt, dit war Enrico klar. Tony Blair hat ja die letzte Zeit ooch fast nur noch jepennt, da war dit abzusehen. Deswegen heult der nich. Oder zumindest nich so. Der heult wegen diesem Idioten. Ick fahr morgen nach Braunschweig. Denn wird der feine Herr Lehrer mich kennenlernen. So ein Wichser."

„Hupe! Du fährst morgen nirgendwo hin. Enrico ist da und hat sicher einiges zu besprechen."

„Dit weeß ick doch, Herr Schlau-Schlau, dit weeß ick doch. Aber ick würde so jerne. Ick würde ihm seine blöde Visage so jern einschlagen."

„Ja. Ich würde sofort mitkommen, wenn es nicht so eine blöde Idee wäre. Aber vielleicht fällt uns ja noch eine bessere ein."

„Hast du morjen Zeit? Ick weeß nich, ob ick alleene mit der Scheiße zurechtkomme."

„Ich bin mir ziemlich sicher, dass du zurechtkommst. Aber ich bin auch da, wenn ihr wollt."

„Jut, Herr Schlau-Schlau. Ick trag ma den Jungen runter in meene Wohnung. Mal sehen, wie wir morgen klarkommen und wann seine Mutter Alarm schlägt. Ick hätt ihn sojern erst mal nen paar Tage bei mir."

„Vielleicht stimmt sie dem ja zu. Sie war am Telefon vorhin einfach nur erleichtert, dass er bei dir angekommen ist."

„Jut. Vielleicht fahr ick morjen mit ihm mal zu Adonis. Dit lenkt ihn bestimmt ab."

„Warte damit mal noch, Hupe. Adonis ist nicht Tony Blair."

„Haste ooch wieda recht. Na jut. Sach ma, kommt Franzi eigentlich noch ma wieda? Enrico fragt am Telefon imma nach ihr."

„Das will ich stark hoffen. Geplant ist Samstag. Wenn Enrico so lange bleibt, dann können wir sie zusammen abholen."

„Meenste, die will deine bucklije Nachbarschaft sehen, wenn sie dich nach so ner langen Zeit wiedasieht?"

„Wir schreiben E-Mails und darin fragt sie auch nach euch. Ich denke, sie wird sich freuen. Aber klär das erst mal mit deiner Ex, bevor Enrico sich zu früh freut. Ich schreib Franziska schon mal, dass Tony Blair nicht dabei sein kann. Dann tritt sie in kein Fettnäpfchen."

„Dit is schlau, sehr schlau. Du erstaunst mich imma wieda. Nich nur jeistig, ooch emotional."

„Danke Hupe. Jetzt bring mal Enrico ins Bett. Ich halte dir die Tür auf."

Am Samstag war es so weit. Wir standen um elf am Flughafen. Enricos Mutter hatte ihn erst mal den Rest der Woche krankgemeldet und er durfte bis Sonntag bleiben. Wir hatten Blumen gekauft und Luftballons. Als sie aus dem Gate kam, ging sie auf mich zu, küsste mich so lange und heftig, dass Hupe Enrico die Augen zuhielt. Aber dann waren auch die anderen dran. Auf der Rückfahrt saß sie mit Enrico hinten. Er erzählte ihr vom Tod von Tony Blair und es kamen immer noch ein paar Tränen. Aber so schlimm wie vor drei Tagen wurde es nicht mehr. Wir fuhren direkt ins Firenze zum Mittagessen. Luigi machte Späßchen mit Enrico, Franziska schob mir unterm Tisch ihre Hand zwischen die Beine und Hupe versuchte, sich aus sechzehn Pizzen zwei auszusuchen, die er noch nie gegessen hatte. Nach dem Essen gingen wir nach Hause und verabschiedeten uns vor Hupes Tür.

„Wir melden uns morjen ma, wenn wa wissen, wie lange Enrico bleibt. Schönet Wiedersehen, ihr beeden", sagte Hupe und schob Enrico in seine Wohnung.

Dann waren wir allein. Nach einer Ewigkeit von vier Wochen. Wir zogen direkt hinter der Wohnungstür nur das Notwendigste aus und trieben es das erste Mal gleich im Flur.

Danach lagen wir auf den Dielen, plauderten irgendeinen Unsinn über die Einsamkeit, tranken Wein und machten im Schlafzimmer weiter. Nach dem dritten Mal waren wir fürs Erste erledigt und unsere Gedanken wandten sich wieder den realen Begebenheiten zu.

„Seit wann ist Enrico hier?", fragte Franziska.

„Seit Mittwoch. Wir hatten wirklich Panik, wo er abgeblieben ist. Dabei wusste er, was er tut. Hupe hat ihn am Bahnhof verpasst, aber er hat alleine hergefunden", antwortete ich.

„Er ist elf. Das ist doch kein Wunder."

„Nein, sicher nicht. Aber Hupe und ich hatten trotzdem Angst."

„Du magst Enrico sehr, oder?"

„Ja, du nicht?"

„Doch, natürlich."

„Hoffentlich darf er noch bleiben."

„Es sind noch keine Ferien. Das kann die Mutter nicht erlauben. Und Hupe im Grunde auch nicht."

„Das stimmt. Aber Ostern ist nicht mehr fern. Dann kommt er wieder."

„War sonst noch was?", fragte Franziska. „Etwas Interessantes, was ich wissen sollte?"

„Ja, vielleicht."

„Raus mit der Sprache!"

„Ich hab uns eingeladen. Ganz unverbindlich, ohne Termin."

„Aha. Und wohin?"

„In die Uckermark."

„Verstehe. Du hast sie endlich besucht."

„Ja. Das war mir lieber, als ohne dich zu einer Franky-Party zu gehen."

„Verstehe. Aber so werden wir diesen Franky nie kennenlernen."

„Das kommt noch, keine Sorge."

„Gut, gut. Ich verlass mich auf dich. Jetzt lass mich mal ein bisschen schlafen."

Ich ahnte nicht, wie schnell meine Prophezeiung eintreten sollte.

Enrico reiste am nächsten Abend ab, hatte aber neue Bedingungen ausgehandelt. Er durfte die gesamten Osterferien bei Hupe verbringen und ein weiteres Wochenende noch vorher. Außerdem wollte er mit Mario kein Wort mehr reden müssen. Die Mutter hatte erst mal allem zugestimmt, damit der Junge wiederkommen und in die Schule gehen würde.

„Dit is ooch richtich, dit mit der Schule, Enrico. Du bist sechste Klasse. Da entscheiden deine Noten darüber, wie it weiterjeht. Glob mir dit“, sagte Hupe zum Trost, als Franziska und ich ihn verabschiedeten. Dann stiegen sie in Hupes Transporter und fuhren los. Sie waren weg und Franziska und ich freuten uns auf eine ganze Woche für uns. Ich hatte nicht viel zu tun und sie hatte bis zum nächsten Sonntag frei. Eine Woche Liebe, Glück und Leidenschaft. Wir Träumer. Schon am Mittwochmorgen klingelte es an der Tür.

Franky hat Kummer

„Morgen, Franzi, is der Hannes ooch da?“

„Ja, der ist in der Küche.“

„Kann ick kurz rinkommen? Ick hätte da ne Bitte.“

„Kein Problem, komm rein. Ich mach dir einen Kaffee“, sagte Franziska.

Hupe setzte sich zu mir an den Tisch.

„Guten Morgen, Hupe. Mann, woher hast du diese üble Fahne? Warst du gestern bei Franky im Alten Krug?“

„Nee, der Krug hat zu, die Kleinjartenanlage muss nen paar Wochen ohne Kneipe auskommen. Offiziell hat er sich dit Bein, in Wahrheit aba dit Herz jebrochen. Seine Mecklenburjerin hat ihn verlassen. Ohne een Wort zu sagen. Also die reden ja eh nich viel, aber nach sechs Jahren wär ja wenigstens nen ‚Tschüss, war schön mit dir‘ anjebracht jewesen. Stattdessen sind sie und die Katze einfach weg und nicht mehr zu erreichen.“

„Vielleicht ist ihr was zugestoßen?“

„Nee, die hat sieben Leben.“

„Ich meinte nicht die Katze. Ich meinte die Mecklenburgerin.“

„Ach so, nee, der is nüscht zujestoßen. Ick hab se jestern vorm Kaiser's mit som Pinguin jesehen.“

„Mit einem Pinguin?“

„Na Mann, mit so nem Typen, weißer Latz, schwarzer Frack, son Anzug-Schnösel eben. Mit Daimler. Sie sind bei REWE rin. Sechs Jahre mit Franky glücklich bei Netto und denn Zack, von heute uff morgen glei fett bei REWE rin. Die Welt is unjerecht. Dit mit dem Neuen darf aba keener erfahren, sonst kriecht Franky davon Wind.“

„Wer sollte das erfahren, ich dachte, die Trennung ist inoffiziell und er ist offiziell krank?“

„Naja, inoffziell ist dit eigentlich nur für den Betroffnen. Inner Kleinjartenanlage is inoffiziel wat anderet. Die wissen doch alle, wat passiert ist, spätestens seit ick den Krug vertretungsweise

Freitag zur Vereinssitzung uffmache. Franky hockt in seiner Wohnung in Prenzlberg und kiekt sich die Fotoalben der letzten sechs Jahre imma wieda von vorne an. Aber wenn er doch kurz ma in der Jartenkolonie auftaucht, weil er wat aus der Laube holt, halten sich alle an die offizielle Version. Ick hab ihm vorsorglich ooch nen Gips ans Bein modelliert, als Fassade sozusagen. Fast alle, die da nen Garten ham, ham uff dem Ding schon unterschrieben."

„Na von uns brauchst du nichts zu befürchten. Wir kennen Franky ja noch nicht."

„Ick weeß, deswegen bin ick ja da."

„Wie meinst du das?"

„Ick war jestern Abend bei ihm, lange, daher die Fahne. It jeht ihm wirklich nich jut und ick dachte, vielleicht könnte ein externer Ratgeber ihn nen Stück aus seinem Loch rausholen."

„Du meinst, ich soll mit Franky reden?"

„Naja, Herr Schlau-Schlau, dein Genie in allen Ehren, aber Franky hört nich uff Männer. Dit kann der nich, war schon beim eignen Vatter so. Deshalb kann ick ihm ja ooch nich helfen. Ick hatte eher an Franzi jedacht, die redet so weich und irjendwie scheint sie die Welt mit dem Herzen zu sehen. Klingt jetzt nen bisschen schwülstig, aba mir kommt dit so vor."

Da war es um Franziska schon geschehen. Den Eimer Schmalz, den Hupe damit über unseren Frühstückstisch gegossen hatte, nahm sie gerne und wie ein kostbares Geschenk an.

„Klar Hupe, das mache ich sehr gerne. Weiß er schon, dass da jemand kommt?"

„Ick hab ihm jesacht, ick bin heute Abend mit Freunden in der Nähe und kiek noch mal bei ihm rin."

„Gut, das machen wir", sagte Franziska.

„Ick würd ja nich bitten, wenn ick mir nich so ne Sorjen machen würde. Kaum is der Stress mit Enrico erstma jeklärt, kommt dit nächste Problem. Aba Franky brooch dringend Hilfe und ick hatte jestern keenen Trost für ihn. Nur nen bisschen Ablenkung. Schnaps trinken und Sport treiben."

„Sport?", fragte ich. „Mit dem Gipsbein?"

„Ja. Jegenüber von Franky ham se doch aus dem Mietshaus son

Hostel für Skandinavier mit Rucksäcken jemacht. Den Einjang kannste von Frankys Wohnzimmer aus jenau sehen und die Fenster aller Zimmer ooch. Da kommen alle Nase lang, ooch noch mitten in der Nacht, Däninnen und Schwedinnen an, die da übernachten. Und Franky steht ja uff den Nordischen Typ. Die Mecklenburjerin sah ooch so aus. Und immer, wenn wieder zwee oder drei unten bei der Rezeption reinlaufen, haben wa jetippt, welchet Zimmer die Nordlichter wohl kriejen. Denn ham wa jewartet, bis een dunklet Fenster hell wird, und wussten denn, wer von uns richtich liegt. Franky hat jestern acht zu zwei jewonnen."

„Und das ist also Sport."

„Ja, wir nennen dit Nordic Stalking. Mehr bewegste dich beim Schach ooch nich."

„Ich glaube, Franky braucht wirklich Hilfe. Darf ich mitkommen oder soll Franziska allein dabei sein?"

„Nee, komma mit. Irjendwer muss mich ja ooch unterhalten, wenn die beeden miteinander reden."

Am Abend klingelten wir drei dann bei Franky.

Ein kleiner, drahtiger Mann öffnete uns die Tür. Aus seinem Gesicht hatte der Kummer etwas gemacht, was mich an die knittrige, alte Ledertasche meines Mathelehrers Pawlowski erinnerte. Das Gipsbein war das einzig Helle im Flur der Wohnung, der nur von einer Kerze erhellt wurde. Im Hintergrund intonierte Rod Stewart *I am sailing*.

„Hi Hupe, kommt rein", sagte Franky und hinkte täuschend echt ins Wohnzimmer. Wir folgten ihm nach und er ließ sich in einen Sessel fallen. Auf dem Couchtisch lag ein Stapel Fotoalben. Franky fiel in eine geknickte Haltung zurück und sein leerer Blick ruhte auf einem aufgeschlagenen Album. Zwischen den beiden Fenstern des Zimmers stand ein Kratzbaum, auf dessen Ebenen leere Bierflaschen abgestellt waren.

Als Franky merkte, dass ich den Kratzbaum betrachtete, sagte er: „Die Pullen störn die Katze nich. Die kommt nich wieder."

„Verstehe, das ist ja echt schade. Wie heißt denn die Katze?", versuchte ich das Gespräch anzuschieben.

„Tita, brauchst du dir aber nicht zu merken. Die kommt

wirklich nicht wieder."

„Wie ist denn das mit deinem Bein passiert? Gebrochen?", versuchte ich den nächsten Anlauf eine Kommunikation in Gang zu bringen.

„Ja, ich bin beim Nordic Walking gestürzt."

„Das tut mir leid."

„Muss es nich. Ich tu mir selber genug leid. Der blöde Gips, nich mal die Katze als Gesellschaft und meine Ex hat nich mal ihr Zeug mitgenommen. Braucht sie anscheinend alles nicht mehr. Ihre Klamotten nicht, ihre CDs und mich auch nicht. Hier." Franky zog eine Umzugskiste unterm Tisch hervor. „Könnt ihr mitnehmen bei Interesse."

In der Kiste lagen gut drei Dutzend Hexen auf Besen in unterschiedlichen Größen, die man sich als Deko in die Wohnung hängen konnte. „Wir sind mehrmals im Jahr in den Harz gefahren. Sie fand es so schön da und die Brockenhexen auch. Jedes Mal hab ich ihr eine neue als Erinnerung an den letzten Urlaub geschenkt. Und zu Weihnachten auch mal eine große, bei der die Augen leuchten konnten oder hier, schaut mal, mit so einem Lichtsensor. Die lacht schaurig, wenn man dran vorbeigeht. Sie war immer stolz auf diese Sammlung. Jetzt will sie nix mehr davon wissen. Und ich kann sie einfach nicht wegschmeißen."

Ich sagte danach lieber nichts mehr. Auch sonst schwiegen alle eine Weile, bis Franziska sagte: „Irgendwann schaffst du es, sie wegzuschmeißen."

„Aha, woher willst du das wissen?"

„Mir ging es auch mal so."

„Und wie lange hat das gedauert?"

„Eine Weile. Ich erzähl dir davon. Hupe und Hannes, wollt ihr mal gucken, ob da noch Bier für euch in der Küche steht?"

„Ach so, richtich, ja, ick hab ooch nen Mordsdurst. Komma mit, Herr Schlau-Schlau, ick zeig dir ma dit Hostel jegenüber, dit sieht man vom Küchenfenster aus ooch."

Dann standen wir in der Küche, in der mehr Bier vorrätig war, als wir in einem Monat hätten trinken können. Aus der Anlage in der Küche sang schon wieder Rod Stewart *I am sailing*.

„Hupe, täusch ich mich oder läuft da schon wieder der gleiche Song?“

„Ja, du täuschst dich. Der läuft nicht schon wieder, der läuft immer noch.“

„Seit wir hier sind? Hab ich gar nicht gemerkt.“

„Nich seit wir hier sind, sondern seit die Mecklenburjerin weg ist. Der Song läuft seitdem in Endlosschleife. Ick hab dem Typen aus der Wohnung drunter schon nen Fuffi zujesteckt, damit der dit nochn paar Tage aushält. Mann, hoffentlich kann Franzi wat machen. Komm, ick zeig dir ma dit Hostel. Ick muss mich jetzt ma ablenken.“

Es war ein absolut idiotisches Spiel. Man beobachtete heimlich Touristinnen und schloss Wetten auf dunkle Fenster ab. Aber auch hier konnte man einen gewissen Ehrgeiz entwickeln. Nach zwei Stunden stand es acht zu vier für mich. Dann kam Franziska in die Küche und bedeutete uns zu gehen. Wir beschlossen, nach Hause zu laufen, was Hupe und mir nach den vielen Bieren in der Küche sehr gut tat.

„Und?“, wollte Hupe wissen. „Konnteste ihm helfen?“

„Ich weiß es nicht Hupe, aber er hat sein Herz ausgeschüttet und am Ende beschlossen, ab morgen Abend den Krug wieder aufzumachen. Das Gipsbein kommt als Dekoration auf den Tresen. Der Rest wird sich zeigen. Ich hab ihm versprochen, dass wir bald mal auf ein Bier dort vorbeikommen.“

„Du bist nen Schatz, Franzi, janz ehrlich, einfach nen Engel.“

„Danke, Hupe, gern geschehen.“

Als Franziska und ich zu Hause im Bett lagen, fragte ich sie kurz vorm Einschlafen, wann wir in den Krug wollten.

„Jederzeit, es ist doch mal nett, etwas mit Freunden zu machen. Irgendwann erschöpft sich auch die schönste Zweisamkeit.“

„Oh Gott“, sagte ich. „Das sagst du schon jetzt, nicht mal eine Woche nach deiner Rückkehr. Ist das jetzt der Anfang vom Ende?“

„Ich glaube nicht. Aber falls ich dich verlasse, dann nicht wortlos. Ich werde zum Abschied mindestens sagen: ‚Tschüss, war schön mit dir.‘“

„Na dann bin ich beruhigt. Gute Nacht.“

Ein Frühling ohne Vogelhaus

Mitte März begann wieder so etwas wie ein normales Leben. Franziska ging ins Büro, ich bekam so viele Anfragen, dass ich Aufträge ablehnen musste, und ein Hauch von Frühling machte sich in Berlin breit. Hupe war stolz wie Bolle, als er mir seine neuen Flyer zeigte, die ihm Kindervatter kreiert hatte. Das löste bei ihm eine neue Geschäftstüchtigkeit aus. Er hatte den Plan, sie in sämtlichen Pankower Briefkästen zu verteilen und wollte damit fertig sein, bevor Enrico in den Osterferien kommen würde.

Wir hatten in diesen Tagen alle viel zu tun. Aber leider waren wir dabei nicht die Einzigen. Als ich an einem Montagmorgen zum Bäcker ging, hörte ich in der Nähe einen infernalischen Lärm. Es klang wie Kettensägen. Ich folgte dem Geräusch. Es kam vom Vogelhaus. Die windschiefen Zäune des Grundstücks waren verschwunden und zwei Arbeiter waren damit beschäftigt, die Bäume zu fällen. Ein Bagger stand schon bereit, auch den alten Kiosk selbst abzureißen. Der Schöne Hans war nicht zu sehen. Ich kaufte ein Brot und lief zu Holgers Stöber-Shop. Hier machten alle lange Gesichter. Selbst Tietz war nicht zum Scherzen aufgelegt.

„Morgen, Herr Schlau-Schlau", sagte Holger. „Hast du es schon mitbekommen?"

„Ja, sie reißen das Vogelhaus ab. Warum?"

„Pankow boomt. Darum."

Eine Baugruppe hatte die Brache gekauft und ließ zuerst die Bäume fällen und dann den Kiosk vom Schönen Hans abreißen. Statt des Vogelhauses würde hier bald ein nüchterner Niedrigenergiebau stehen, entworfen von einem nüchternen Architekten. Holger hielt mir die Werbung dazu unter die Nase.

„Das war es für den Schönen Hans. Und ich bin der Nächste."

„Wie meinst du das, Holger?"

„Ende April muss ich hier raus. Die haben mir gekündigt. Schon Anfang Februar, aber ich wollte noch nichts sagen. Ich dachte, vielleicht lassen die mit sich reden. Sie haben auch mit mir geredet, aber nur darüber, was die ortsübliche Gewerbemiete ist. Ortsüblich, die spinnen wohl. Wer kann denn hier tausendfünfhundert Euronen im Monat für einen Zeitungsladen zahlen?"

„Das wird bestimmt kein Zeitungsladen, der hier einzieht."

„Nee, das glaube ich auch nicht. Aber sie haben schon Interessenten. Ob die sich auch um Tietz, Falko und Heiner kümmern? Das kann ich mir nicht vorstellen."

„So eine Scheiße, Holger. Was machen wir denn jetzt?"

„Sei mir nicht böse, Herr Schlau-Schlau, aber da kannst du nicht helfen. Du kommst hier zurecht, hast auch ohne festen Job genug Aufträge und kannst dir hier die Miete noch leisten. Aber Falkos Wohnung zum Beispiel ist auch gekündigt und bei Tietz steht eine energetische Sanierung an. Was meinst du, wie lange meine Stammgäste noch um die Ecke wohnen? Insofern wäre der Laden ohnehin bald sinnlos gewesen. Deinen Tagesspiegel bekommst du auch woanders."

„Ich bin hier nicht wegen meiner Zeitung hergekommen, Holger. Ich hoffe, das weißt du."

„Ja, das weiß ich. Und das war uns auch eine Ehre. Aber du bist der Einzige weit und breit, der hier nicht nur Kippen kauft oder sein Päckchen abgibt und dann erschrocken wieder rausgeht. Ich sehe doch jeden Tag neue Gesichter auf der Straße. Neue Anwohner, die in neuen Häusern wohnen. Gepflegte Menschen, die gepflegte Gespräche führen. Was haben wir da anzubieten? Einen vollgequalmten Paketshop und vier versoffene Verlierer. Ein schöner Name für uns, oder? Heiner will sogar ein neues Lied schreiben und dann am Einundzwanzigsten zur Abschiedsparty spielen. Da feiern wir ein letztes Mal und machen die Restbestände nieder. Ich würde mich freuen, wenn du kommst."

Ich sagte Holger zu, trank mit der Runde einen Goldbrand, aber alles Leben aus diesem Quartett war verschwunden. Heute schwiegen alle so eisern, wie es sonst nur Heiner konnte.

Zurück zu Hause setzte ich mich an die Arbeit. Aber ich brachte nichts Sinnvolles zustande. Ich kochte Kaffee, rauchte auf dem Balkon ein paar Zigaretten, aber in meinem Kopf wiederholte sich immer wieder das Gespräch mit Holger. Es war noch nicht lange her, da hatte ich mich von Sobkowski und seinem Zeitungskiosk verabschiedet. In einem Monat würde Holger hier verschwinden. Ich bekam es mit der Angst. Was blieb übrig von diesem kurzen neuen Leben, wenn die Verluste so weitergingen? Erst Tony Blair, jetzt das Vogelhaus und Holgers Stöber-Shop.

Ich zog mir wieder meine Jacke an und ging hinaus. Ich lief die vier Straßen hinunter zu unserer alten Wohnung. Vor Sobkowskis Kiosk blieb ich stehen. Die Rollläden waren geschlossen und mit Schildern behängt. *Zu vermieten* stand darauf und eine Telefonnummer. Der Kiosk war einfach zu. Und ich hatte bis zum heutigen Tag nicht mehr an den alten Sobkowski gedacht. Eine leise Panik machte sich in mir breit. Franziska war für drei Tage in Halle. Was würde sie mir sagen, wenn sie zurückkam? Dass es plötzlich vorbei sei? Ich wählte sofort ihre Nummer und rechnete schon mit dem Schlimmsten, weil sie nach dem vierten Klingeln nicht ans Telefon gegangen war. Aber dann hörte ich doch ihre Stimme.

„Hallo. Ich habe eben noch an dich gedacht“, sagte sie.

„Großer Gott, ist das schön, dich zu hören. Ich muss dich ganz schnell was fragen.“

„Geht's dir gut?“

„Nein, aber es geht mir gleich besser, wenn ich dich höre.“

„Was willst du wissen? Frag doch einfach.“

„Habe ich irgendeinen Grund zur Sorge, dass du das mit uns bald nicht mehr willst?“

„Meinst du das ernst?“

„Ja, absolut. Ich muss das wissen. Sofort.“

„Nein, du hast absolut keinen Grund, das zu denken. Verrätst du mir aber bitte, wie du so plötzlich darauf kommst? Vorgestern Abend war doch alles in Ordnung, oder?“

„Ja, das war es. Und so wird es Sonntagabend sein. Ich bin nur gerade sehr durcheinander.“

„Meinetwegen?“

„Nein, zum Glück nicht. Aber sie reißen das Vogelhaus ab und haben Holger den Laden gekündigt. Davor die Geschichte mit

Enrico und Tony. Ich war nur gerade in Angst, dass ich schon wieder von vorne anfangen muss."

„Ohje, was sagt Hupe zu diesen Neuigkeiten?"

„Ich habe ihn noch nicht gesehen. Aber er wird sehr traurig sein. Das Schlimmste ist, dass ich nichts machen kann. Gar nichts."

„Soll ich nach Hause kommen? Ich kann das im Notfall hier abbrechen."

„Nein, nein. Bleib mal in Halle. Ich beruhige mich gleich wieder. Wir telefonieren heute Abend noch mal."

Auf meinem Rückweg nach Hause sah ich noch einmal das Vogelhaus, oder das, was von ihm übrig war. Das Dach war ins Innere gestürzt und nur ein Giebel und die Vorderwand standen noch. Das Abrissunternehmen machte Mittagspause.

‚Heute Abend würde nur noch ein dunkler Fleck aufgewühlter Erde ans Vogelhaus erinnern', dachte ich, als ich wieder zu Hause war. Das Klingeln an der Tür riss mich aus meinen Gedanken.

„Hallo Herr Schlau-Schlau, samma, lieste grade nen Buch, wat du einfach nich weglejen kannst oder hast du nen dringenden Ufftrag?"

„Nein, ich kann gerade nicht klar denken. "

„Dit is super. Da kann ick Abhilfe leisten. Und deene Hilfe brooch ick ooch. Und deenen großen Balkong."

„Was willst du auf meinem Balkon?"

„Ne temporäre Werkstatt einrichten."

„Welchen Zeitraum meint temporär?"

„Dit kommt janz uff die Jeschwindigkeit an."

„Auf wessen Geschwindigkeit?"

„Auf deine und meine. Holger, Tietz oder Falko will ick nich fragen. Die haben andre Sorgen. Aber du kennst den Schönen Hans ja nu ooch nen bisschen. Da dachte ick, ick fraje dich."

„Ich mach alles, was du willst, Hupe. Gerade wenn es um Hans geht. Aber ausgerechnet eine Werkstatt?"

„Wat haste denn jegen handwerkliche Tätichkeiten?"

„Nichts. Aber sie haben etwas gegen mich. Frag mal den Müller beim nächsten Mal im Stilbruch vorsichtig nach seinem Jugendstilleuchter."

„Wat is denn mit dem?“

„Müller erzählt dir sicher gern, wie gut dieser Jugendstillüster in sein neues Wohnzimmer gepasst hätte, wenn ich damals in seiner alten Wohnung den Deckenhaken für den Leuchter nicht ohne Rigipsdübel in die Rigipsdecke geschraubt hätte. Den gläsernen Jugendstil-Servierwagen, der zum Zeitpunkt des Absturzes direkt darunter stand, erwähnt er, Gott sei Dank, nicht mehr.“

„Ach so, zwee linke Hände haste.“

„Ja. Und viel Pech. In der neuen Wohnung hat mich Müller nicht mehr an die Lampen gelassen, aber er sammelt alte Uhren. Da habe ich für eine Wanduhr im Flur ein Loch für den Haken gebohrt. Aber so tief, dass die Wanduhr im Wohnzimmer nun auf der Rückseite auch ein Loch hat.“

„Vastehe. Aber mir bleibt keene Wahl, du bist der Einzje, der Zeit hat.“

„Na gut, was sollen wir denn herstellen?“

„Pass uff. Der Hans is uff der Weiterreise. Ick hab keene Ahnung, wohin.“

„Wo schläft er denn jetzt, wo das Vogelhaus weg ist?“

„Im Moment bei mir. Uffm Bett von Enrico. Da hat er manchmal in saukalten Winternächten schon jepennt. Aber lang bleibt der nich mehr. Deshalb bin ick ja ooch hier. Hans will seinen Abschied hier kurzmachen, aba nich jehen, ohne seinen Freunden wat zu hinterlassen. Damit meint er nich uns, sondern die janzen Vögel, die nu ooch keen Zuhause mehr haben. Aber er hat einfach keene Idee, wie er wat für die tun kann.“

„Aber du, oder?“

„Ick denke schon. Hör zu. Der Schöne Hans will unser schönet Pankow den Vögeln erhalten. Er will, wie er sagt, dass wir nen Hafen für Singvögel bleiben, wie wir it früher mal waren, als et die janzen Brachen noch jab. Da hab ick ihm den Vorschlag jemacht.“

„Welchen Vorschlag, Hupe? Jetzt lass mal die Katze aus dem Sack.“

„Ick hab mir jedacht, wenn dit Vogelhaus und die Bäume weg sind und der Hans bald ooch, denn bauen wa ihm doch seinen

Hafen. Aber nich als eenen großen, sondern als viele kleene Häfen. Bald kommt der Frühling und nen paar Winterschwärme Meisen treiben sich schon inne Jegend rum. Wir bauen einfach Nistkästen. Und zum Abschied sitzt der Hans nich an den Einkaufswajen beim REWE und bittet um den Wajeneuro, sondern verschenkt die Dinger. Und erzählt kurz, warum. Denn hängen hier in kürzester Zeit Nistkästen uff den Balkonen und mit nen bisschen Glück brüten da denn nen paar Vögel, die beim Vogelhaus keen Platz mehr finden können. Wenn ihm denn noch eener nen Fünfer für son Häuschen jibt, super, wenn nich, is ooch nich schlimm, jeht ja um die Sache. Tausend Nistkästen wird er dabei nich verschenken, aber fuffzig Stück, dit sollte seine Jeduld nich überfordern. Ick hab dit Holz im Keller, wat wa noch broochen is Platz außerhalb der Wohnung und nen Stuhl für den Schönen Hans."

„Einverstanden, Hupe. Wir machen das so. Wie lange brauchen wir für fünfzig Nistkästen?"

„Kommt uff die Orjanisation an. Eener sägt Dach, Boden, drei jeschlossne Wände und eene Wand mit Nistloch zu, der andere verleimt dit zu nem Nistkasten."

„Hupe, das mit dem Sägen, weißt du ..."

„Ick schlag vor, du leimst. Dit is ja ein Teil der Buchherstellung, insofern dein Steckenpferd."

„Einverstanden. Ich leime. Wann geht es los?"

„Na Hans will schon dabei sein und im Moment schläft a sich nen kleenen Rausch aus. Wir kommen morgen Vormittach hoch."

„In Ordnung. Wir sehen uns morgen."

In der folgenden Nacht träumte ich, dass fünfzig Vogelmütter an meinem Fenster saßen und sich beklagten, dass ihre Küken ein jähes Ende fanden, weil der schlecht verleimte Boden ihres Nistkastens samt Nest in die Tiefe gestürzt war. Sie zwitscherten mir ihre Anklage entgegen, bis ich erwachte und erleichtert feststellte, dass das Zwitschern vor meinem Fenster nicht mir, sondern in der Nähe befindlichen Meisendamen galt. Die Balz hatte begonnen, wir mussten uns beeilen.

Die beiden kamen am späten Vormittag. Hans setzte sich in

meinen Balkonsessel und Hupe holte aus seinem Keller zwei Sägeböcke, eine Arbeitsplatte, eine Stichsäge und jede Menge Bretter nach oben. Dazu zwei große Flaschen Holzkaltleim und etliche Zwingen. Hans bat um eine Decke und eine Kanne Tee und blickte sonst schweigend und rauchend über die Dächer. Und so blieb es den ganzen Tag und auch den darauf folgenden. Hans war in Gedanken schon woanders und wartete, bis der Rest von ihm dahin folgen konnte.

Wir brauchten genau zwei Tage für die fünfzig Nistkästen. Bis auf einen Aschenbecher, den eine Schraubzwinge zertrümmerte, als sie mir beim Festziehen vom Nistkasten rutschte und meinen linken Daumennagel, den ich beim Annageln der Hängeösen mit dem Hammer erwischte, gab es keine weiteren Schäden meiner praktischen Arbeit zu verzeichnen. Es lief so gut, dass ich Mitte des zweiten Tages Hupe vorschlug, ihn doch beim Zusägen der Einzelteile abzulösen.

„Nee Hannes, lass ma, womit willste denn umblättern, wennde dir hier alle zehn Finger absägst?“

Am dritten Tag luden wir die fünfzig Nistkästen in Hupes Transporter und parkten ihn auf dem REWE-Parkplatz. Wir blieben im Auto und in Hans' Nähe, falls er Hilfe oder Nachschub brauchte. Aber heute, da brauchte er unsere Hilfe nicht. Heute war Hans noch einmal der Schöne Hans. Mit Matrosen-Charme und Augenzwinkern verschenkte er die Nistkästen und die Allermeisten nahmen sie gern und gaben ihm ein paar Euro dafür. Die Sonne schien, der Schöne Hans leuchtete und holte sich im Minutentakt neue Nistkästen aus dem Wagen. Am frühen Nachmittag war alles verteilt.

Die letzten beiden Kästen gab der Schöne Hans Hupe und mir. Dann warf er seinen alten Seesack über die Schulter, gab uns die Hand, dankte, sagte „Lebt wohl, meine Freunde“, und ging. Wir sahen den Schönen Hans ein letztes Mal die Wollankstraße hinuntergehen.

Fünf Tage später kam Hupe zu mir mit einer Postkarte vom Hafen Rostock-Warnemünde.

Lieber Hupe,

das Geld für die Nistkästen hat für ein Fährticket gereicht. Ich steche heute Abend wieder in See und hoffe, sie nimmt mich unterwegs zu sich. Danke und grüße Herrn Schlau-Schlau bitte schön von mir. Jetzt ist alles gut.

Dein Hans

Still wie der Schöne Hans saßen wir auf meinem Balkon, rauchten und blickten über die Dächer. Dann sagte ich: „Es hat geklappt, Hupe, es hat wirklich geklappt."

„Wat hat jeklappt?"

„Das mit dem Nistkasten. Warte kurz, du wirst es gleich sehen."

Dann kam ein kleiner Vogel mit Nistmaterial im Schnabel durch die Dämmerung geflogen und verschwand in meinem Nistkasten.

„Wat isn dit für eener?", flüsterte Hupe.

„Eine Schwanzmeise", flüsterte ich zurück. „Sie nisten nur sehr selten in Kästen oder Höhlen. Das grenzt an ein Wunder."

„Nee, Herr Schlau-Schlau", sagte Hupe. „Dit is keene Schwanzmeise. Die sieht nur so aus."

„Sondern?"

„Dit is ne Hansmeise. Ne schöne Hansmeise in ihrem Vogelhaus. Jetzt is allet jut."

Schnaps mit Soljanka und Heiners Moment

Anfang April war ich mir sicher, dass Franziska nicht der nächste Stein sein würde, der aus meinem neuen Mosaik fiel. Seit ihrer Rückkehr hatte sich nichts verändert. Wir waren mal in ihrer Wohnung, mal in meiner. Wir machten sogar Urlaubspläne und lasen uns gegenseitig vor. Hupe dagegen hatte regelrecht Stress. Die Flyer von Kindervatter hatten eine magische Wirkung und er holte den ganzen Tag für neue Anwohner Möbel ab, baute sie auf, oder verlegte Parkett. Am Abend war er meistens noch für eine Stunde bei Holger.

„So een Abschied, der muss jut vorbereitet sein. Gloob mir dit, Herr Schlau-Schlau. Deshalb bin ick grade jeden Abend da."

Die Osterferien wollten Franziska und ich bei mir verbringen, weil Enrico kommen sollte. Aber gerade als wir Hupe einladen wollten, Ostern wieder zu uns zu kommen mit Enrico, unterbrach er uns.

„Dit is janz lieb von euch, aber Enrico wird diese Ferien nich kommen. Keene Sorge, is nüscht Schlimmet. Ick fahre stattdessen nach Braunschweig. Mario is zwee Wochen uff ner Radtour und Enrico will mit meener Ex und mir in Ruhe wat besprechen."

„Was will er denn besprechen?", fragte ich.

„Weeß ick ooch nich. Vielleicht will er öfter bei mir sein. Vielleicht will er mich dabei haben, wennse über die neue Schule reden. Er kommt im Sommer in die Siebte. Ick lass mich überraschen."

„Na gut. Wann fährst du los?"

„Übamorjen. Ick meld mich, wenn ick wieda da bin. Spätestens am einundzwanzigsten April. Verjesst dit nich. Da is die Abschiedssause bei Holger. Heiner schreibt extra nen Song über die vier Verlierer. Den ersten seit zwanzich Jahren. Und er spielt ihn vor, wenna sich traut."

„Über die vier Verlierer?"

„Ick gloobe, so soll dit heißen, ja. Kommt ma vorbei. Holger is dit wichtig, dass du kommst, Herr Schlau-Schlau. Ooch wenner dit nich so ausdrücken kann."

„Hupe, das habe ich schon fest im Kalender eingetragen."

„Denn is ja jut. Habt ne schöne Zeit, ihr beeden. Wir sehn uns."

Wir packten am nächsten Morgen die Sachen, stiegen ins Auto und fuhren los. Bis zum einundzwanzigsten April war noch mehr als eine Woche Zeit. Franziska hatte Semesterferien und ich konnte von überall aus arbeiten.

Meine Eltern saßen gerade beim Mittagessen, als wir durch den Garten auf die alte Veranda traten. Wir blieben drei Tage.

Ich kochte, suchte Wein im Keller aus und lauschte hinüber ins Wohnzimmer. Sie schienen Franziska zu mögen. Sarah kam am Ostersonntag mit meinen Neffen dazu. Wir backten Kuchen, versteckten Geschenke in den alten Ziegelmauern des Stalls im Hof und gingen später angeln. In der Dämmerung liefen wir aus dem Wald hinaus zurück auf die Dorfstraße, die wie ein ruhiger Fluss zwischen den roten Klinkerhäusern dahinglitt.

Spätabends lagen Franziska und ich unter dem Dach, blickten in den Himmel und dachten zusammen an Hupe und Enrico.

Beim Abschied standen wir noch eine Weile vor dem Haus. Mein Vater nahm mich bei den Schultern, blickte mich fest an und nickte mir fast unmerklich zu. Meine Mutter flüsterte mir ein „Du Glückspilz!" ins Ohr. Im Rückspiegel sah ich sie wieder winken.

Franziska und ich fuhren nicht sofort zurück nach Berlin, sondern blieben noch ein paar Tage in der Nähe im Hotel Boitzenburg. Wir fuhren Ruderboot oder lagen den halben Tag nackt im Bett. Dann wurde es Zeit, nach Hause aufzubrechen. Wir hatten nichts von Hupe gehört und ihn auch nicht angerufen.

Eine Woche waren wir ganz für uns, dann wurden wir unruhig. Vielleicht gab es Neuigkeiten. Im Hausflur quoll die Post aus Hupes Briefkasten und das Klingeln hätten wir uns sparen können. Er war noch nicht zurück. Nach einer Woche! Ich konnte mich nicht erinnern, ihn so lange nicht gesehen zu haben. Aber spätestens in drei Tagen, wenn der Stöber-Shop ein letztes Mal Gäste empfinge, würden wir ihn sehen.

Dann kam der Einundzwanzigste. Ein weiterer Tag des Abschieds.

‚So langsam sollte ich an diese Begebenheit gewohnt sein', dachte ich. Schließlich hatte ich innerhalb weniger Monate mein Zuhause, meinen Zeitungshändler, meinen Job, einen befreundeten Hund und den Schönen Hans verloren. Nun kam der zweite Zeitungshändler dazu. Ich war also eigentlich vorbereitet auf das nächste Lebewohl. Vorbereitet darauf, eine möglichst gute Figur und den Abschied nicht schwerer als nötig zu machen.

Aber mir ging es damit wie mit einem Anzug, in dem man eingeschlafen ist, den man am nächsten Tag aber trotzdem tragen muss. Man sieht seine knittrigen Falten. Man sieht ihm sein Getragensein an. Und so war es mit mir, als ich mit Franziska am Abend zu Holger ging.

„Mann, Herr Schlau-Schlau", begrüßte uns Hupe vom ersten Stehtisch auf dem Gehweg aus. „Wenigstens eener könnte ja heut Abend die Fahne der Zuversicht raushängen lassen. Jetzt kiek ma nich schon um acht so traurich. Kommt ma ran ihr beeden, ick hol euch ma nen Bier."

Insgesamt sieben Stehtische hatte Holger zwischen dem Stöber-Shop und der Bushaltestelle davor aufgestellt. An allen standen schon Gäste. Einige kannte ich bereits: Kwaku und seine Frau standen neben uns und prosteten gerade Rita aus der Bäckerei zu. Falko und Tietz sprachen mit zwei Damen jenseits der achtzig. Holger stand mit Franky an einem Laptop und besprach mit ihm die Playlist für heute Abend. Die übrigen Leute waren mir unbekannt. Hupe kam mit drei Bieren zurück.

„Prost, ihr beeden. Entschuldigt, dass ick mich nich jemeldet habe. Ick bin erst heute zurück."

„Warst du die ganze Zeit in Braunschweig?", fragte Franziska.

„Nich janz. Ick hab in Celle noch zweihundert Quadratmeter Parkett aus ner Gründerzeitvilla jerissen und nach Berlin jebracht. Ick hab nen Kunden, der will dit hier in Pankow in seiner Eijentumswohnung verlegen. Fragt mich nich, warum und wie er dit uff den Estrich in seiner Neubauwohnung kriegen will, aber er hat jut jezahlt."

„Wie geht es Enrico?“, fragte ich, aber Hupes Antwort wurde von Holger unterbrochen, der uns entdeckt hatte.

„Na hallo, Herr Schlau-Schlau, hallo schöne Frau!“, begrüßte er uns. „Es ist mir eine Ehre. Mein jüngster Stammgast ist auch erschienen.“

„Ja, aber er hat nicht mal ein Geschenk dabei.“

„Wozu? Das ist doch keine Eröffnungsfeier. Mach dir mal keinen Kopf. Aber ich hab noch ein schönes Geschenk für dich. Erinnere mich mal nachher dran, bevor hier alle in Goldbrand und Kummer baden. Kommt mal mit rein. Da gibt's was zu essen.“

Auf dem Stammtisch im Stöber-Shop stand ein Buffet mit Mettigeln, Butterschweinen, Schrippen und Soljanka. Als Nachtisch hatte Hupe Müsli am Stiel gespendet. Holgers Mutter teilte Plastikgeschirr und Besteck aus. Auf der Eckbank saß Heiner und hielt sich an seiner Gitarre fest. Er war der Einzige, der heute an seinem angestammten Platz saß. Neben ihm saß eine alte Frau, die mit Mühe an einem Mettbrötchen kaute. Der Rest der Eckbank war frei.

„Los“, sagte Holger. „Setzt euch mal hin, solange da frei ist, und esst was. Hat alles meine Mutter gemacht. Außer die Brötchen, die sind von Rita.“

Franziska rutschte hinüber zu der alten Dame, die mit ihrem Brötchen kämpfte.

Ich nahm daneben Platz.

„Guten Abend“, begrüßte sie uns. „Kennen wir uns?“

„Nein“, sagte Franziska. „Wir sind noch relativ neu hier. Sind Sie öfter hier?“

„Na, das ist lange her. Ich hab hier früher gegenüber gewohnt, aber jetzt habe ich ein Zimmer im Seniorenheim am Park. Meine Beine wollen nicht mehr so, da konnte ich nicht mehr herkommen, um meine Zeitschrift zu kaufen. Holger bringt sie mir seitdem jede Woche vorbei, damit ich die nicht abonnieren muss. In meinem Alter geht man keine Verträge mehr für ein oder zwei Jahre ein. Aber heute, da habe ich mich noch mal auf den Weg hierhergemacht. Sind einige heute da, die früher oft hier waren. Ist ja auch die letzte Gelegenheit.“

Heiner nahm auch heute keinen sichtbaren Anteil am Gespräch. Er studierte einen Zettel, der vor ihm auf dem Tisch lag.

Franziska und ich aßen einen Teller Soljanka und gingen danach wieder vor die Tür. Franky gesellte sich zu uns. Es ginge ihm besser, sagte er. Die Brockenhexen hatte er nicht weggeschmissen, sondern bei Hupe in Kommission gegeben, damit er sie auf dem Flohmarkt verkaufen könne. Wir blieben draußen stehen. Der Frühling war dem Stöber-Shop heute Abend wohlgesonnen. Es war noch warm, als Holger die Stehtische zur Seite räumte. Dann kündigte Franky an, den Gästen ab jetzt einzuheizen. Es waren noch immer zwei Dutzend von ihnen anwesend. Kwaku und seine Frau waren die Ersten, die Franky in Tanzstimmung versetzte. Falko folgte mit Rita und bald gab es für alle kein Halten mehr. Holger trug immer neue Tabletts voll mit Schnapsgläsern hinaus. Tietz wirbelte Holgers Mutter über den Gehweg und ich musste feststellen, dass Franziska eine unheimliche Textkenntnis von deutschen Schlagern besaß.

Die Busfahrer ließen ihre Fahrgäste fünfzig Meter vor der Haltestelle aussteigen, um sie nicht direkt in die angetrunkene Festgesellschaft zu entladen. Kurz vor zwölf torkelte Holger auf mich zu. Ich erholte mich gerade an einem Stehtisch, während Franziska ein paar Runden mit Hupe drehte. Er reichte mir den Tagesspiegel von heute.

„So, Herr Schlau-Schlau, ich bin bald überm Limit. Bevor es zu spät ist, hier noch dein Geschenk. Es ist der letzte, den du bei mir bekommst. Er ist gratis und signiert."

Ich nahm die Zeitung entgegen und sah auf die Titelseite. In Schönschrift stand auf der Kopfzeile *Für Herrn Schlau-Schlau zur Erinnerung*. Darunter fanden sich vier Unterschriften.

„Wir haben alle unterschrieben. Falko, Tietz, Heiner und ich."

„Ich danke dir, Holger. Ein schöneres Geschenk hättet ihr mir nicht machen können."

„Das freut mich. Vielleicht denkst du ja manchmal an uns. Zum Wohl."

Wir stießen mit dem x-ten Goldbrand an und Holger verschwand wieder im Laden. Hupe und Franziska kamen zurück.

„So, jetzt kannst du ma wieder übanehmen. Ick bin zu alt für so junge Tänzerinnen."

„Ich brauche auch eine Pause, Hupe", sagte Franziska.

„Jut, jut. Denn schaun wa uns dit janze Spektakel ma von außen an. Ick bin froh, dass so viele jekommen sind. Dit is für Holger nen kleener Trost."

„Weiß er schon, was er jetzt macht ohne den Laden?", fragte Franziska.

„Er steigt erst mal bei mir mit ein. Ick habe grade jenuch Uffträge und er hat ja den Transporter noch. Ma kieken, ob ihm dit uff Dauer Spaß macht. Er broocht eigentlich Leute um sich. Und Franky hat die andern drei einjeladen, jetzt in den Alten Krug zu jehen. Aba der macht erst abends uff und die Kleinjärtner sind sone verschworne Jemeinschaft. Ick weeß nich, ob die sich da wohl fühlen. Heiner uff keenen Fall."

„Sitzt der immer noch drinnen?", fragte Franziska.

„Ja, der sitzt drinnen und hat noch keenen Tropfen anjerührt. Ick gloobe, der wartet noch uff den richtijen Moment. Er hat seinen ersten Song seit zwanzig Jahren jeschrieben. Wahrscheinlich traut er sich janich, den heute vorzusingen."

„Und wie geht es dir?", fragte ich. „Wir haben noch gar nichts von deiner Reise gehört."

„Braunschweig meinste? Na ne Reise stell ick mir anders vor. Aba mir jehts jut. Den Rest erzähl ick euch übermorgen. Heute hörn wa die alten Lieder, morgen schlafen wa unsern Rausch aus und Sonntag spielen wa Zukunftsmusik. Also, falls ihr Zeit habt."

„Haben wir, Hupe, haben wir", sagte Franziska.

„Jut. Ick klingel denn bei euch. Wie imma, wa? Ick bin ooch schon sowat von blau, dit merkt man erst, wenn man ma ne Weile steht. Aba jeben wa ma Heiner noch ne Stunde. Vielleicht kommt ja sein richtjer Moment noch."

Wenig später führte Holger eine Polonaise an, die sich wie ein betrunkener Wurm um die Bushaltestelle und zwei Laternen wand. Franziska war längst alles egal und Kwaku zog mich vom Stehtisch weg in die Reihe. Es war der Höhepunkt des Festes. Frankys Playlist war am Ende.

Da trat Heiner aus der Tür ins Freie, die Gitarre um den Hals und schlug ein paar Akkorde an. Alle wurden still. Der Moment war gekommen und Heiner spielte sein Lied.

Das Lied der vier Versager:

Das ist das Lied der vier Versager.
Zu spät gebor'n, um jung zu sein,
und nur Erinnerung auf Lager,
nur im Erinnern nicht allein

Sie trinken nicht, um zu vergessen,
und nicht, damit es bessergeht.
Sie trinken nur, um auszumessen,
wie lang ein jeder Tag noch geht.

Ihr Mut ist längst schon grau geworden
und liegt als Schleier vorm Gesicht.
Sie kennen nicht mehr Westen, Norden
und auch den Schmerz, den kenn' sie nicht.

Sie trinken nicht, um zu vergessen,
und nicht, damit es bessergeht.
Sie trinken nur, um auszumessen,
wie lang ein jeder Tag noch geht.

Sie hören draußen bunte Leute
und wie die Zeit vorüberzieht.
War gestern gestern? Oder heute?
So geht es, das Versager-Lied.

Sie trinken nicht, um zu vergessen,
und nicht, damit es bessergeht.
Sie trinken nur, um auszumessen,
wie lang ein jeder Tag noch geht.

Wenn einer geht, dann gehen sie bald alle

Am Sonntagmorgen fuhren wir kurz in Franziskas Wohnung. Sie brauchte frische Sachen. Aus dem Keller holte sie einen schmalen schönen Holzrahmen mit entspiegeltem Glas. Der signierte Tagesspiegel sollte angemessen aufbewahrt werden. Auf dem Weg zurück hielten wir an einem Spargelstand und kauften ein Kilo.

„Sollen wir zwei nehmen, falls Hupe schon mittags kommt und Hunger hat?", fragte Franziska.

„Nicht nötig. Mit Spargel kannst du ihn jagen. Wenn er Hunger hat, rufen wir im Firenze an. Dann können wir zehn Minuten später eine Pizza für ihn abholen."

Zurück in meiner Wohnung rahmte ich den Tagesspiegel. Die Signaturen schienen kräftig durch das Glas. Auf Anhieb fand ich keinen geeigneten Platz zum Aufhängen. Daher stellte ich den Rahmen erst mal auf die Flurkommode.

Hupe klingelte in dem Moment, als ich mir gerade mit dem Spargelschäler in den Daumen schnitt. Den blutenden Finger im Mund öffnete ich ihm.

Hupe lachte, als er mich so sah, zeigte auf den Rahmen hinter mir und sagte: „Soll ick lieber den Najel dafür in die Wand schlagen?"

„Nein, danke", nuschelte ich. „Aber du kannst gern für mich weiter Spargel schälen. Da hast du ja viel mehr Erfahrung als ich."

„Großer Jott, Sparjel fass ick nich mehr an. Ick sach ma der Franzi Tach, versorg du ma deine Wunden."

Als ich mit einem Pflaster um den Daumen in die Küche kam, half Hupe schon beim Kartoffelschälen.

„Hannes?", sagte Franziska. „Bist du so lieb und holst Hupe aus dem Firenze zwei Pizzen? Weiterschälen kannst du ja nicht und Hupe will mit uns essen."

„Ja, mach ich."

„Ick kann ooch selba schnell anrufen und vorbestellen. Eene Quadrati Stationi und eene –"

„Ich mach das schon Hupe. Überlass die Bestellung mal mir."

„Is jut, Herr Schlau-Schlau. Hab schon vastanden."

Als ich mit den Pizzen zurückkam, standen Spargel, Kartoffeln und braune Butter schon auf dem Tisch in der Bibliothek. Franziska legte die Pizzen auf zwei Teller.

Beim Essen erzählten wir Hupe von unserem Besuch bei meinen Eltern, unserem Ostern und den paar Tagen Urlaub danach. Er aß, hörte zu und wartete, bis alle aufgegessen hatten. Dann fing er an zu erzählen.

„Ick will ja nich lange um den heißen Brei drumrum redn, aba ick muss nen paar Sachen vornewech erzählen, damit ihr vasteht, wat ick euch am Schluss sagen will."

„Du machst es aber spannend heute", sagte ich.

„Kann sein, aba it jeht nich anders. Ick will, dass ihr mich richtich vasteht. Jewissermaßen habe ick ne jute und ne schlechte Nachricht und ick fang ma mit der juten an. Enrico hat meene Ex seit dem Vorfall mit Tony Blair bekniet und hat mit Mario nur noch dit Allanötigste besprochen. Er hat jebettelt und jekämpft und irjendwann hat Jessica zujestimmt. Denn hab ick natürlich ooch allem sofort zujestimmt und nu zieht Enrico im Sommer zu mir. Wir lassn dit Sorjerecht ändern und er fährt jedet zweete Wochenende nach Braunschweig, aba er wohnt denn bei mir. Meen Junge wohnt ab dem Somma bei mir!"

„Das ist ja großartig, Hupe! Das wird schön, wenn Enrico hier bei uns ist!", jubelte ich los.

„Nu warte ma kurz. Er jeht also ab der Siebten in Berlin zur Schule, welche, dit müssen wa noch klärn. Aba wenn er bei mir jemeldet is, denn muss ihn irjendeene Schule uffnehmen. Sein Zeugnis wird wohl erste Sahne werden. Die große Fraje is nur, wo wohn ick mit dem Jungen?"

„In deiner Wohnung, wo sonst?"

„Herr Schlau-Schlau. Du warst noch nich so oft bei mir, wie ick bei dir. Aus jutem Grund. Für mich allene ist dit Erdloch da unten völlich ausreichend. Aba da kann doch keen Kind und bald Jugendlicher noch einziehen. Der brooch wat anderet."

„Du willst umziehen, Hupe?"

„Ick will nich, ick muss. Und Enrico will ooch nich. Der jeht davon aus, dass wa hier wohnen und er nachmittags bei dir inne Biblitohek hocken kann. Ihr gloobt nich, wie sehr der an euch hängt. Nur da unten, da kann ick nich bleiben. Der Junge weeß davon übrijens noch nücht. Aba meene Ex besteht uff ner ordentlichen Wohnung, sonst widerruft se unsere Einjung."

„Das ist doch Scheiße, Hupe."

„Ja, isset. Und ick dachte, na jut, den ziehn wa irjendwo um die Ecke. Aba dit kann ick vajessen. Allet, wat hier frei is, kann ick mir nich leisten. Ick hab zwar ne jute Auftragslage gerade, aber dit reicht niemals für ne Dreiraumwohnung. Sowat wie dein Reich hier, dit kann ick nich bezahlen. Ick würde ooch am liebsten hier inna Geilhartstraße bleiben. Dit is meen Kiez, meene Heimat. Ick bin hier jeborn und in Enricos Alter hier durch die Jegend jestromert. Ick wollte ooch, dass er hier groß wird, bei Leuten, die ick kenne. Aba it jeht nich. Rein finanziell. Ooch, wenn ick jetzt keenen Unterhalt mehr zahlen muss und mir ne höhere Miete leisten könnt. Für Pankow reicht dit einfach nich."

„Das kannst du nicht machen", sagte ich zu Hupe. „Du musst bleiben."

„Ick würde ja ooch jerne. Hab ick doch grade erklärt. Aba soll ick den Jungen in dit Kellerloch stecken? Oda ihn nich zu mir holen, wo ick nach all den Jahren endlich die Chance bekomme? Ick kann doch nüscht dafür, dass unsere verschlafene Ecke hier, wo früha die Welt an der Maua zu Ende war, plötzlich so interessant is. Ick war heute Morjen bei ner Besichtjung von na Jenossenschaftswohnung. Die jeht im Preis noch. Da kamen dreißich Leute. Und dit war schon der zweete Termin. Ick bin eigentlich keen unjedulijer Typ, aba mir rennt die Zeit davon. Ick muss Enrico bis Ende Mai irjendwo in Berlin melden, sonst kann seine Schule sonstwo sein und er fährt jeden Tach zwee Stunden."

Dann war es still zwischen uns. Wir besahen das schmutzige Besteck, zerknitterten unsere Servietten und kratzten mit den Daumen in den Augenbrauen.

Irgendwann ergriff Hupe das Wort. „Vielleicht vasteht ihr jetzt ooch, warum ick vorjestern bei Holger nich drüba reden wollte.

Für mich war dit ooch meene Abschiedsfeier. Ick hab bisher nur Wohnungen tief im Osten jefunden. Da wird dit schwer, abends ma in Alten Krug zu jehen oder Holger und die andern uff nen Bier zu mir einzuladen. Oder, dit will ick nich unerwähnt lassen, zu euch zu kommen, wenn mir jerade danach is. Aba it is, wie it is. Vielleicht überlegt sichs ja Enrico noch ma anders, wenna hört, dass sein neuet Zuhause wirklich nen janz neuet Zuhause is. Ick muss dringend mit ihm redn."

Und dann war es zurück, das Gefühl, das mich die letzten Wochen begleitet hatte. Die Sorge, dass die Steine meines Mosaiks einer nach dem anderen wieder herausfielen. Es hatte nicht getrogen und ich war wieder machtlos, irgendetwas zu verhindern.

Hupe ging bald danach nach unten. Dann saßen Franziska und ich auf dem Sofa und sahen hinaus in den Himmel. Wir waren untröstlich, dass wir keinen Trost für Hupe hatten. Wir hatten uns. Das war immer noch viel, viel mehr, als ich im Herbst gehabt hatte. Im Grunde genommen war ich glücklich, aber es fühlte sich heute einfach nicht so an. Wir nahmen unsere Jacken und gingen vor die Tür.

Ich wollte Franziska den Ort zeigen, wo diese Reise begonnen hatte. Wo ich die ersten fünfunddreißig Jahre meines Lebens verbracht hatte, in denen nicht annähernd so viel passiert war wie in den letzten sieben Monaten. Wir standen vor meinem alten Haus und ich zeigte Franziska von unten den Erker, in dem vor einem Jahr noch das Lesesofa gestanden hatte. Dann drehte ich mich um und wollte mit Franziska gerade die zehn Meter zum alten Kiosk von Sobkowski gehen, als der alte Sobkowski selbst vor uns stand.

„Hannes, Junge. Ist das schön, dich zu sehen. Guten Tag, junge Frau. Wolltest du heute mal wieder vorbeikommen und deinen Tagesspiegel kaufen? Das Geschäft ist leider geschlossen."

„Ich weiß, Herr Sobkowski, ich weiß. Ich war vor ein paar Wochen schon mal hier. Entschuldigen Sie bitte, ich hätte eher kommen sollen."

„Jetzt hör bitte auf, dich zu entschuldigen."

„Da klangen Sie gerade wie mein Vater."

„Ich bin ja auch der gleiche Jahrgang wie der Professor. In unserer Generation war es noch Pflicht, sich dauernd bei den Alten für nichts zu entschuldigen. Wir wissen das noch. Vielleicht sind wir da deshalb so empfindlich."

„Das ist übrigens Franziska, meine Freundin. Franziska, das ist Herr Sobkowski."

„Sehr angenehm", sagte er.

„Warum ist der Kiosk nach all den Jahren zu?", wollte ich wissen. „Ist die Miete zu hoch?"

„Nein. Der Kiosk ist ja mein Eigentum. Ich habe ihn Anfang der Neunziger von der Stadt gekauft, als die Kassen klamm waren. Da ging das noch. Aber ich vertrage das Stehen und den Winter nach all den Jahren nicht mehr. Und als dein Vater im Herbst in den Ruhestand getreten ist, da habe ich gemerkt, ich kann jetzt auch aufhören. Manchmal braucht man diesen Anstoß von anderen. Aber wem sage ich das."

„Und was wird jetzt aus dem Kiosk?"

„Leider weiß ich das nicht. Ich habe keine Kinder und ob die, wenn ich welche hätte, unbedingt ihre Zukunft in einem historischen Zeitungs- und Tabakgeschäft gesehen hätten? Ich weiß es nicht. Es wäre schön, wenn jemand ihn weiterführen würde. Nach drei Generationen Sobkowski. Aber damit ist nicht viel Geld zu verdienen. Das muss man wollen. Eure alte Wohnung hat der Eigentümer an einen Architekten hier aus Pankow verkauft. Ein feiner Mensch, der dem Kiosk Leben einhauchen will. Er kümmert sich jetzt für mich darum, jemanden zu finden."

„Wie hoch soll die Miete sein?"

„Das ist zweitrangig. Der Mensch, der hier weitermacht, muss passen. Der Rest findet sich schon. Ich habe keine Erben, insofern gibt es da viel Spielraum. Aber warum interessiert dich das alles?"

„Vielleicht wüsste ich jemanden."

„Der den Kiosk übernehmen würde?"

„Ja. Er hat seinen vorgestern aufgeben müssen. Es wäre für ihn sicher nicht das Gleiche wie vorher, deshalb sage ich vielleicht, aber wenn Sie wollen, dann frage ich ihn."

„Das würde mich sehr freuen."

„Ihre Festnetznummer ist immer noch die gleiche?"

„Ja, das ist sie. Du würdest mir einen großen Gefallen tun."

„Sehr gern."

„Es war schön dich zu sehen, Junge. Und es geht dir besser als beim letzten Mal."

„Das stimmt."

Zum Abschied gab er uns beiden die Hand, entfernte sich und winkte noch mal von der nächsten Ampel. Dann liefen wir weiter.

„Was meinst du?", fragte Franziska. „Hat Hupe Enrico schon angerufen?"

„Ich hoffe es. Und andererseits auch nicht. Ich hoffe, es gibt noch irgendeine Lösung, aber woher sollte die kommen? Es kotzt mich ehrlich an, dass ich nie etwas tun kann. Nicht für Hans, nicht für Holger, nicht für Hupe."

„Das stimmt nicht, Hannes."

„Wie meinst du das?"

„Du konntest nichts tun, damit alles bleibt, wie es ist, aber Hans' Vogelhafen gibt es und vielleicht hast du Holger gerade einen Kiosk besorgt. So traurig es manchmal ist, dass man nicht mehr tun kann. Aber nichts ist das nicht."

„Gut, einverstanden. Aber für Hupe und Enrico können wir nichts mehr tun. Die müssen weg, obwohl sie unbedingt bleiben wollen."

„Eine Möglichkeit gibt es noch", sagte Franziska und blieb stehen. Ich tat es ihr gleich. Wir sahen uns lange an und dann wurde mir alles klar. Da lachte ich laut los, schlug mir gegen die Stirn und küsste Franziska.

Wir benötigten zwei Stunden, um diese eine Möglichkeit durchzusprechen. Dann waren wir uns sicher, dass es klappen würde. Wir gingen runter zu Hupe und klingelten, aber es blieb still in seiner Wohnung. Er war nicht zu Hause. Wir wollten ihn aber am liebsten sprechen, bevor er Enrico von den Umzugsplänen erzählte, also rief ich ihn an.

„Hallo, wat jibts, Herr Schlau-Schlau? Ick sitze jerade bei Franky anda Bar."

„Hast du schon mit Enrico gesprochen?"

„Nee, ick trink mir grad nen bisschen Mut an und denn wollt ick um neun in Braunschweig durchklingeln."

„Bleib, wo du bist, und lass das Telefon in Ruhe. Wir sind gleich bei dir."

„Bei mir? Hier im Alten Krug? Wollta den Laden noch kennenlern, bevor ick verschwinde? Nen bisschen Zeit bleibt uns ja noch."

„In den Alten Krug können wir auch ohne dich. Franky hat uns die besten Plätze versprochen."

„Ick weeß, aber herjetraut habta euch ohne mich noch nich."

„Denk, was du willst, und bleib da sitzen. Wir sind gleich da."

„Ihr müsst durchs Jartentor anda Brehmestraße und denn den janzen Tulpensteig runta. Dann jeht's nur noch links oda rechts. Rechts lang kommta direkt zum Alten Krug."

„Wir finden das. Bis gleich."

Wir traten durch das Gartentor und gingen zwischen sauber geschnittenen Hecken auf einem gepflegten Kiesweg weiter. Unsere Schritte knirschten, ein paar Vögel sangen und eine vorüberfahrende S-Bahn auf dem nahen Bahndamm zerriss kurz die Idylle. Ansonsten war es still. Als es nur noch nach rechts oder links ging, blieben wir stehen und sahen uns an.

„Es wird gehen, oder? Es wird gutgehen", sagte ich.

„Ja, ich glaube schon. Jetzt muss nur noch Hupe mitmachen", antwortete Franziska.

Der Alte Krug sah so gar nicht nach Altem Krug aus. Er war ein schmuckloser Funktionsbau mit einer Blechtür und kleinen vergitterten Fenstern. Wir traten ein und stellten fest, dass jemand sich im Inneren aber alle Mühe gegeben hatte, den Charakter des Namens aufzunehmen. Die Wände des Saals waren komplett mit braunen Kunststoffpanelen verkleidet, die einen Landhaus-Charakter imitieren sollten. Einzelne Ecken waren mit brusthohen Gipsmauern abgeteilt, auf die mit Farbe ein falsches Fachwerk gemalt war. Der Tresen war aus Fässern und Wagenrädern zusammengesetzt worden und ihn überspannte eine Art Pergola, die jemand aus einem alten Carport zusammengeschreinert und mit Wildem Wein aus Kunststoff behangen hatte. Überall hingen Lichterketten und Bauernhof-Devotionalien.

Es waren kaum Gäste da. Hinter einer Fachwerkmauer spielten drei Herren Skat, zwei Damen saßen an einem Spielautomaten am Eingang und unter einer alten Milchkanne, die von der Pergola hinunter über dem Tresen hing, saß Hupe. Vor ihm lag Frankys Gipsbein auf dem Tresen.

„Willkommen, ihr beeden. Franky macht sich jerade ne Karlsbader Schnitte inna Küche. Der nimmt glei eure Bestellung uff. Ick bin froh, dass wa glei heute noch ma reden. Ihr wart so traurich heut Mittach. Dabei wird dit für mich viel schwerer ohne euch in meener Nähe. Viel schwerer als für euch. Dit könnta mir glooben. Ihr seid immahin zwee Erwachsene. Wir sind nur Vatter und Sohn. Aba ick hab vorhin jesehn, dass it euch ooch wat ausmacht. Und dit freut mir. Sehr sojar. Ick bin nich der große Redner, wie ihr merkt. Aber ick hoffe, ihr wisst, wat ick sajen will."

Dann tauchte Franky auf. Wir bestellten drei Bier. Als er sie gezapft hatte, zog er sich an den Tisch der drei Skatherren zurück.

„Hupe", sagte ich. „Natürlich sind wir traurig, wenn wir nicht mehr in einem Haus wohnen. Aber deswegen ist keiner von uns aus der Welt. Wir bleiben in der gleichen Stadt."

„Ick weeß. Und ihr würdet nach Lichtenberg oda noch weiter in den Osten kommen, um uns zu sehn. Aba ob ick dit schaffe, euch zu besuchen, in meener alten Heimat, dit weeß ick nich."

„Vielleicht ist das auch gar nicht nötig."

„Wie meenste dit denn nu wieda?"

„Was wäre, wenn du bleibst und ich wegziehe? Gar nicht mal sehr weit weg."

„Wie soll'n ditte jehen?"

„Indem ich dir meine Wohnung untervermiete und zu Franziska ziehe. In den Wedding. Drei Kilometer entfernt. Für Berlin ist das nichts."

„Du bist ja bekloppt, Herr Schlau-Schlau. Dit kann ick nich annehmen und mir ooch nich leisten."

„Wenn ich es dir anbiete, dann kannst du es ruhig annehmen. Ich werde nicht erpresst. Und was die Miete betrifft: Eine Bedingung hätte ich, an der würde ich mich aber auch finanziell beteiligen."

„Wat soll'n dit für ne Bedingung sein?"

„Die Bibliothek. Die muss bleiben, wo sie ist."

„Da würde Enrico sofort hurra schrein. Aba wat willste denn ohne deine Bücher? Da biste doch nur nen halber Mensch."

„Nein, Hupe. Das wäre ich nur, wenn ich sie verlieren würde. In euren Händen jedoch, als Dauerleihgabe, da wäre ich glücklich und zufrieden. Außerdem habe ich alles schon gelesen, es passt nichts mehr rein und in Franziskas Wohnung gibt es noch jede Menge freier Wände."

„Ihr meint dit wirklich ernst, oda?"

„Ja", sagte Franziska. „Das meinen wir ernst."

„Aba ick kann doch keen Jeld von dir verlangen, damit ick in deiner Wohnung wohne und du mir ooch noch die Bibliothek dalässt."

„Doch", erwiderte Franziska. „Hannes tut ein Abstand zu den Büchern sicher ganz gut. Und sie sollten nicht beleidigt sein – er hat sich schließlich fünfunddreißig Jahre lang um sie gekümmert. Wenn ihr ihm das abnehmt, dann dürft ihr dafür Geld verlangen und mit der Miete verrechnen."

„Wat heißt dit denn jenau? Also finanziell?"

„Du zahlst, was du bisher gezahlt hast oder was du in einer neuen Wohnung bezahlen würdest. Der Rest ist für die Bibliothek."

„Wenn ick dit mache, Herr Schlau-Schlau, denn werd ick Heiner nach seinem ersten Besuch nicht mehr los und Enrico muss sich mit dem alten Kauz dit Lesesofa teilen."

„Heißt das Ja?"

„Nee, nee. So schnell nich. Ihr habt eene Sache vajessen."

„Die wäre?"

„Euch beede! Ick bin ja jetzt nich so der Beziehungsexperte. Aba wie lange kennt ihr euch? Sechs Monate?"

„Sieben", sagte Franziska.

„Dann eben sieben. Is dit nich nen bisschen kurz für so nen Schritt?"

„Wie lange sollen wir warten, Hupe? Zwölf Monate? Fünfzehn? Zwei Jahre?", fragte Franziska.

„Ick weeß ja ooch, dass it im Leben nie den richtjen Zeitpunkt jibt. Aber wat is denn, wenn's kracht? Wohin soll'n denn Herr Schlau-Schlau ziehen?"

Franziska lachte und sagte: „In seine Bibliothek. Dann seid ihr eine WG und er streitet sich mit Enrico und Heiner um das Lesesofa. Oder er sucht sich was anderes. Das können wir alles nicht wissen. Aber der Schritt, dass wir zusammenziehen, wäre eh bald gekommen. Und warum nicht jetzt, wo es auch noch dir und Enrico hilft?"

„Ihr seid doch bekloppt. Alle beede. Ick kann dit nich annehmen."

Aus dem Schatten der Pergola trat Franky hinter die Bar. Er musste schon länger da gestanden haben, denn er blickte Hupe fest an und sagte: „Doch, Hupe. Das kannst du annehmen. Und ohne viele Fragen zu stellen. Ich hab mich auch nie gefragt, ob ich deine Hilfe annehmen kann. Sie war einfach da und ich habe zugegriffen. Versuch nicht, es allein zu regeln und sag Ja. Wir brauchen dich hier, auch wenn wir weniger werden. Und wenn du für dich wirklich nicht Ja sagen kannst, dann tu es für Enrico. Entschuldigt die Einmischung, aber das musste ich mal loswerden. Ich zapf schnell vier Bier für unsern Skattisch, dann bin ich wieder verschwunden."

Damit war es besiegelt. Unser Schweigen nach Frankys Auftritt besiegelte Hupes Ja. Wir saßen wieder still in der Gegend rum, aber diesmal grinsten wir dabei vor Erleichterung.

So ließen wir Hupe für heute Abend zurück und gingen nach Hause. Vor der Tür blieb Franziska stehen, ohne in den Hausflur zu treten.

„Was ist los?", fragte ich.

„Wir sehen uns morgen. Ich will euch heute Abend nicht stören."

„Uns?"

„Dich und die Bücher. So ein Abschied will gut vorbereitet sein. Morgen Abend kannst du gern zu mir kommen. Auch wenn es noch Zeit hat – ich fang schon mal an, meine Romane alphabetisch zu sortieren.“

Dann küsste sie mich und ging die Gaillardstraße hinunter.

Der Sommer begann früh in diesem Jahr. So früh, dass er wahrscheinlich im Juli selbst Urlaub brauchen und erst Ende August gut erholt zurückkehren würde. Seit Ende Mai war es schon sehr heiß und Mitte Juni schwitzten Hupe und ich wie die Schweine, als wir meine Umzugskisten in Franziskas Wohnung trugen, obwohl es noch früh am Morgen war.

„In eure Wohnung“, sagte Hupe. „Dit is jetz eure Wohnung.“

Ohne die Bücherkisten passten meine Habseligkeiten und die paar Möbel in einen Transporter. Geschirr, Klamotten, ein paar Bilder und der signierte Tagesspiegel vom einundzwanzigsten April. In Franziskas Küche gab es einen schönen Platz für ihn.

„In eura Küche“, sagte Hupe. „In eura Küche.“

Hupe hatte mir mein Bett und meinen Schreibtisch für Enricos Zimmer abgekauft, der das Arbeitszimmer beziehen sollte. Hupes Schlafsofa und die Schrankwand mit dem Monsterfernseher standen schon in meinem Schlafzimmer. In einer Woche würde Enrico nach Berlin ziehen und dieser Termin hatte einen wahren Tauschreigen mit sich gebracht. Nicht nur, dass Hupe meine Wohnung und einen Teil meiner Einrichtung übernahm. Er hatte seine Wohnung an Holger untervermietet und ihm einen Teil seiner Möbel überlassen. Und Holger war es auch, wegen dem uns Franziska antrieb, noch schnell zu duschen und uns etwas Trockenes anzuziehen. Um zehn war die Wiedereröffnung des alten Kiosks von Sobkowski. Von dort würde ich nicht mehr in die Gaillardstraße zurückkehren.

Holger war furchtbar aufgeregt, als Franziska, Hupe und ich ankamen. Nervös zog er die Rollläden hoch und rollte die Zeitungsständer vor den Kiosk. Seine Mutter stand drinnen und füllte Filterkaffee in Pumpkannen ab, denn zu jeder Zeitung gab es heute einen Kaffee gratis. Ein großes Schild am Vordach kündigte dieses Eröffnungsangebot sichtbar an.

Das Einzige, was Holger aus dem Stöber-Shop mitgenommen hatte, waren die Paketshop-Fahne, ein Stehtisch und drei Barhocker. Der Tisch, die Kücheneckbank, der Pakettresen und alles andere hatten keinen Platz gefunden.

„Und das ist auch gut so", sagte Holger. „Ein Neuanfang ist ein Neuanfang. Auch wenn mir die drei Jungs fehlen werden."

Als Erstes kaufte ich einen Tagesspiegel. Dann bekamen wir Kaffee und setzten uns auf die Barhocker am Stehtisch.

Holger kam zu uns und erläuterte uns sein Geschäftsmodell: Er hatte auf Sobkowski gehört und dessen Angebot an Tabak und Zeitungen weitestgehend übernommen. Zusätzlich aber bot Holger neben dem Paketservice auch Kopierdienste, einen WLAN-Hotspot am Stehtisch, alkoholfreie Getränke und ein paar gesunde Snacks an. Letztere bestanden aus Müslis am Stiel, mit denen Hupe ihn versorgte, und aus belegten Schwarzbrotstullen von Holgers Mutter, die als *Original Pankower Stullen* angepriesen wurden.

„Das haben Mutti, Hupe, Herr Sobkowski und ich uns so zusammengereimt. Ich habe keine Ahnung, ob das irgendwer kauft. Vielleicht bin ich deshalb so hibbelig. Heute wird sich zeigen, was unsere Ideen wert sind."

„Holger!", unterbrach uns seine Mutter. „Kundschaft!"

Neben uns stand eine junge Frau am Kiosk und nahm gerade ihre Kopfhörer ab. Holger war im selben Moment im Kiosk. Er verkaufte eine Zeitschrift, ein Päckchen Drehtabak und eine Pankower Stulle. Er kam nicht dazu, sein Lächeln zu uns herüberzuschicken, denn der nächste Kunde stand bereits an. Er kaufte einen Kurier, ein Päckchen F6 und wollte gerade gehen, als sein Blick an den Müslis hängenblieb.

„Wat isn ditte?"

„Müsli am Stiel. Sehr gesund und aus regionaler Herstellung!", antwortete Holger.

„Wat sollen die kosten?"

„Drei Euro."

„Na jib ma eens her. Is ja jesund."

Ich sah zu Hupe, der die Hände hob und mich unschuldig ansah.

„Holger hat den Preis festjelegt. Mir zahlt er eensachzich pro Stück. Vielleicht sachste ihm mal, dass du dit schon für fünf Euro verkooft hast."

„Ich glaube, er weiß was er tut, Hupe."

„Jenau. Der Mann is vom Fach. Der macht nich allet, wat man ihm sagt. Ick hab ihm zum Beispiel vorjeschlagen, statt Filterkaffe lieber Latte Muchacho zu verkoofen. Dit kannte er nich ma."

Holger kam nicht mehr dazu, noch mal an unseren Tisch zu treten. Er hatte alle Hände voll zu tun. Um elf begann seine Mutter, neue Stullen zu schmieren und wir standen auf, weil ein junger Mann sich den WLAN-Code gekauft hatte und sich am Hotspot hinsetzen wollte. Holgers Mutter kam kurz zu Hupe, um eine Bestellung für Müslis am Stiel abzugeben.

„Hupe, ich glaube, morgen, spätestens übermorgen sind die alle."

„Na eene Runde schaff ick noch die Woche und ab nächste Woche kann mir Enrico helfen. Der soll ooch wat Praktischet lernen und nich die janze Zeit inda Bibliothek rumhängen. Ick bring se euch rum. Mach dir keen Kopp."

Dann war es für Hupe Zeit zu gehen.

„So ihr beeden, ick muss ma los."

„Einräumen, bevor Enrico bald kommt", sagte Franziska verständnisvoll.

„Dit mach ick heute Abend. Erst ma muss ick zu Adonis, der hat heute Jeburtstach. Ick hab ihm nen paar schöne Engerlinge bestellt und koof für mich im Tierpark zwee halbe Hähnchen. Dit wird unser Jeburtstachsessen. Aba denn mach ick inda Wohnung weita."

„Grüß ihn von uns", sagte ich. „Wir sehen uns nächste Woche am Bahnhof, wenn Enrico kommt."

„Ja. Ick soll dir von ihm noch wat jeben."

Hupe reichte mir einen Umschlag.

„Dit war Enricos Idee und der Kindervatter hat dit denn für uns jebastelt. Ick hoffe, du freust dir."

Ich riss den Umschlag auf und zog einen laminierten Ausweis hervor, der auf meinen Namen ausgestellt und auf dem das Bild von mir auf der Brücke in Florenz zu sehen war. Es war ein

Ausweis für die Schlau-Schlau-Gedenk-Bibliothek. Gültig auf Lebenszeit mit theoretischem Wohnrecht auf dem Lesesofa.

„Den musste imma bei dir tragen", sagte Hupe.

„Versprochen!", sagte ich.

Dann ging Hupe zum Auto. Ich nahm Franziska bei der Hand und ging mit ihr die paar Meter zu meinem alten Haus. Ich sah nach oben zum Erker, in dem das Lesesofa gestanden hatte. Sie stand vor mir und folgte meinem Blick. Da sprach uns jemand von hinten an.

„Ich will nicht stören, aber kurz ‚Hallo' sagen."

Es war Sobkowski, der sich zur Eröffnung eingefunden hatte.

„Sie stören nicht", sagte ich. „Wir waren eh gerade fertig."

„Schön, dass ihr beide da seid. So kann ich mich bedanken. Für die Empfehlung. Holger sprüht geradezu vor Ideen."

„Dafür müssen Sie sich nicht bedanken. Wir sind mindestens so froh wie Sie."

„Es scheint gut anzulaufen. Ich bin extra etwas später gekommen, damit ich sehen kann, dass er mich nicht mehr braucht, um den Kiosk am Leben zu halten."

„Vermissen Sie es nicht, da zu stehen, wo Holger jetzt steht? Nach all den Jahren, die Sie selbst dort standen?"

„Nein, mein Junge. Gar nicht. Ich bin sehr glücklich, dass jemand gern an meiner Stelle dort steht. Ich werde heute zum ersten Mal in meinem Leben eine Zeitung für mich kaufen und nach Hause gehen. Du kannst dir nicht vorstellen, was das für mich bedeutet."

„Noch nicht", antwortete ich. „Aber bald."

„Bald?"

„Ja. Ich werde mir bald ein Buch aus meiner eigenen Bibliothek ausleihen und danach nach Hause gehen."

„Ich verstehe. Du ziehst um, das hat mir Holger schon erzählt."

„Ja, das stimmt."

„Es ist nicht lange her, da standen wir genau an dieser Stelle. An einem Tag, an dem du vier Straßen weiter gezogen bist und nie mehr wiederkommen wolltest. Ziehst du wieder so weit weg?" Sobkowski konnte sich sein Lachen nicht verkneifen.

„Nein“, sagte ich. „Diesmal ziehe ich nur in den Wedding. Keine drei Kilometer von hier. Wir sehen uns wieder, Herr Sobkowski.“

Sobkowski ging seine Zeitung kaufen. Franziska hob den Blick zum Erker und fragte: „Willst du noch ein bisschen hier stehen?“

„Nein“, sagte ich. „Jetzt ist alles gut. Lass uns nach Hause gehen.“

„Zu Fuß?“

„Ja, zu Fuß“, sagte ich. Es waren schließlich nicht mal drei Kilometer.

ENDE

Zum Schluss

Manchmal, während ich dieses Buch schrieb, habe ich mir gewünscht, dass Hupe wirklich bei mir klingelt. Doch bisher ist er nicht vorbeigekommen.
Aber irgendwo da draußen gibt es ihn, da bin ich mir sicher. Vielleicht nicht für mich. Vielleicht eher für jemanden, der ihn dringender benötigt. Der wirklich aus seinem Schneckenhaus geholt werden muss. Aus seiner Burg oder seinem Elfenbeinturm.
Mir sind schon viel früher als mit 35 Jahren die richtigen Menschen begegnet. So früh, dass ich mich nie in Etwas zurückziehen wollte. Ob ich erwachsen geworden bin, müssen andere entscheiden. Aber es gibt viele, die mich dabei unterstützt haben, Dinge anzufangen und Dinge zu Ende zu bringen. So wie bei diesem Buch.

Mein Dank für die Unterstützung dabei geht an Gundel, die den initialen Witz für dieses Buch geliefert, den Seismografen für die Unterhaltsamkeit fast aller Geschichten gegeben und mir alle Zeit ermöglicht hat, die ich zum Schreiben und Vorlesen benötigt habe.
Mein Dank geht an meine Eltern, die mich zwar viel haben lesen lassen, aber immer dafür gesorgt haben, dass die Welt vor der Tür offen und weit ist und die schließlich auch das Lektorat der ersten Fassungen übernommen haben.
Mein Dank geht an Benjoe, der mich provoziert hat, Prosa zu schreiben. Der den Fehdehandschuh fürs Leseduell aufgenommen und für mich das einzigartige Cover für dieses Buch entworfen hat. So etwas bekommt man nur von einem wirklich guten Freund.
Und auch Fritzi, Traudl, Frank und Anja will ich an dieser Stelle für ihre Hilfe, Zeit und Unterstützung danken.

Es ging für mich also auch ohne einen ECHTEN Hupe. Und doch glaube ich, dass manchmal direkt neben uns ein solcher wohnt. Dass direkt neben uns eine unbekannte Welt liegen kann, die es zu entdecken und zu erhalten lohnt.

Johannes Krätschell

Ebenfalls erschienen

Florian Bald „Ein behaarter Mond"
Roman mit CD

Buch & CD, Klappenbroschur
170 S./ 74 min., 19×13,5cm
ISBN: 978-3-943876-76-5

Künstler und Medienschaffende sind dekadent, promisk, arrogant und ziemlich durch, lautet das Klischee. Das Problem ist, dass Klischees meistens stimmen. Auch der legendäre Berliner Synchron- und Hörbuchsprecher Frank Schaller säuft, hurt und behandelt Kollegen wie Dienstboten. Bis er eines Morgens aufwacht und keine Stimme mehr hat. An die verhängnisvolle Nacht davor kann er sich nur schemenhaft erinnern. Plötzlich wird Schaller bewusst, dass er längst kein Star mehr ist, sondern ein gewöhnlicher Endvierziger, der langsam aus dem Leim geht – mit einer Frau, die ihn verachtet, einem Sohn, der ihn für einen entfernten Bekannten hält und einer Mutter, die schon immer der Meinung war, er solle endlich einen richtigen Beruf ergreifen. Während seine Welt aus den Fugen gerät, erhält Schaller das Angebot, einen Jahrhundertroman einzulesen. Er braucht seine Stimme wieder, und zwar schnell, selbst wenn er dafür sein Leben in Ordnung bringen muss…

Florian Bald schreibt in seinem Coming-of-Age-Roman für Erwachsene über die Vergänglichkeit von Ruhm, Liebe und Lebenslügen und wühlt dabei vergnüglich in den Abgründen und Marotten der Unterhaltungsindustrie.Das Buch enthält eine gekürzte Hörbuchfassung auf CD, die von Charles Rettinghaus eingesprochen wurde.

Buch mit CD versandkostenfrei (D) bei
www.periplaneta.com

Ebenfalls erschienen

Marien Loha „Waschbär im Schlafrock“
Roman

Buch, Softcover 212 S., 19 x 13,5 cm,
print ISBN: 978-3-943876-73-4
epub ISBN: 978-3-943876-44-4
Periplaneta Berlin

Karl ist auf den ersten Blick ein eher schüchterner Zeitgenosse – oder zumindest stiller als seine Mitmenschen. Karl beobachtet, stellt Fragen, viele Fragen, meistens aber nur sich selbst:

Ist mein bester Freund nun schwul oder nicht? Kann das nicht einer der Praktikanten machen? Warum ist der Bundespräsident in echt kleiner als im Fernsehen? Wie bekommt ich eine Frau wieder los, die nach dem ersten Sex bereits die Namen unserer Kinder festgelegt hat? Warum hat Natascha unter ihrem Mantel nichts an? Gott, was hab ich gestern alles getrunken? Warum ist die Tierärztin eigentlich verheiratet? Und was will dieser Waschbär auf meiner Couch?

Marien Loha nimmt dich in seinem Debütroman mit in die Gedankenwelt eines liebenswerten Paradiesvogels und gestattet dir einen manchmal etwas anderen Blick auf die höchst amüsant-skurrilen Wirrungen in den Leben seiner und unserer Mitmenschen. Mit einem hinreißenden Cover von Nicole Altenhoff.

Buch versandkostenfrei (D) bei
www.periplaneta.com

Inhalt

CD-Inhalt

Herr Schlau-Schlau wird erwachsen (gekürzte Lesebühnenfassung) 106 Min.
Texte und Stimme: Johannes Krätschell
Aufnahmen, Schnitt und Master: Thomas Manegold
im Silbenstreif Studio Berlin 2016

Labelcode: 20777

MP3 AUDIO